渡辺 考
WATANABE KO

永住願望!!
テレビディレクター、
南国の歴史を旅する。

ディープ・オキナワ

かもがわ出版

アタガフーな日々——まえがき

普段なら明るく輝くコバルトブルーの海は、見渡す限り、船に埋め尽くされて真っ黒だったという。一九四五（昭和二〇）年四月一日。およそ一三〇〇の艦船と総勢五四万の兵力で、米軍は沖縄島への上陸を開始、熾烈な戦が、六月末の組織的戦闘の終了までおよそ三カ月にわたって繰り広げられた。

それから七六年後の四月一日。

ぼくはＮＨＫ沖縄放送局で働くこととなった。

ゆいレール・おもろまち駅を降りるとＤＦＳ（免税店）を皮切りに瀟洒《しょうしゃ》なビルが並んでいる。整備された街並みだが、チェーンの飲食店も目立ち、東京近郊の新興住宅地のターミナル駅周辺の景色と重なりあうものがある。

曇っていたが、長袖シャツが暑苦しいほど気温は高い。あたり一帯は、かつてシュガーローフヒルと呼ばれ、沖縄戦で最も激しい戦いがあった土地のひとつだということを思い出す。戦後は牧港ハウジングエリアと呼ばれる米軍の巨大住宅地だったが、一九八七年に日本側に返還された。那覇新都心ともいわれる人工都市には、戦中戦後の変動の残滓は漂ってはいなかった。

テレビ屋稼業の最終章をぜひとも、復帰五〇年という節目を迎える沖縄で締めくくりたい――。憧れの地への転勤は、強い希望に様々な幸運が重なり、叶った果報だった。

とはいえ、はりきって来たものの、沖縄に詳しいわけでもない。むろん、キラーコンテンツどころか、これといった持ちネタがあるわけでもない。ただただ漠然と「沖縄戦」「基地問題」「本土復帰五〇年」「沖縄文化」を描きたいと願っているだけだった。様々な不安が胸の中で複雑に交錯していた。

新都心の名前を冠した公園を逍遥《しょうよう》しながら、上空を見あげた。しかし、何らのヒントがあるわけではない。ぼくは、大きく息を吐き出した。

職場の目と鼻の先には、県立の博物館・美術館があるのだが、その前を通る時、生垣の一部が朱に染まっているのに気づく。

ハイビスカスだった。沖縄では「アカバナー」といわれるらしい。近寄り、じっと眺めているうちに、鼻孔にかすかに甘い香りが飛び込んで来た。力みがすっと消えていく。そして、全身を覆ったのは、清々しさだった。

よし、やってみるか。

一輪の花がぼくの心を奮い立たせていた。目の前には、巨大な電波塔が屹立している。

沖縄に足を踏み入れてから二年半あまりが経つが、あちらこちらを思いつくがままに逍遥し、素敵な場所と巡り合うことができた。そして、素晴らしい人々と次々と邂逅している。近現代史を主たるテーマにドキュメンタリーを作っている者としては、沖縄に横たわる歴史に触れる日々でもある。その歴史はとてつもなく深遠だ。

「アタガフー」という言葉を知った。島くとぅば＝うちなーぐち（沖縄方言）で、漢字にすると「値・果報」と書き、「思いがけない幸福、突然の果報」を意味する。沖縄ライフは、まさに「アタガフー」な出会いの連続だ。想像をはるかに超えた世界がそこにあり、齢五十半ばを越したものが、少年時代に味わったようなドキドキと高揚を昼に夜にと体感している。

復帰五〇年という節目を折り返した沖縄。そこに生きる魅力たっぷりな人たちを紹介しながら、縦横無尽に南国の歴史を巡ってタイムトリップしたいと思う。

それでは沖縄というディープな世界へ、みなさま、一緒に旅立ちましょう。

ディープ・オキナワ
——永住願望!! テレビディレクター、南国の歴史を旅する。

◆もくじ

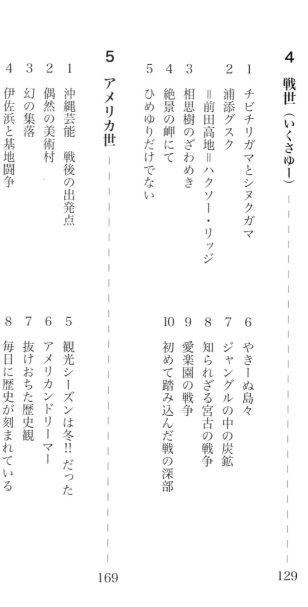

4 戦世（いくさゆー）

5 アメリカ世

編集協力：古塚達朗
（沖縄国際大学南島文化研究所特別研究員、元那覇市歴史博物館館長）
カバーイラスト：松尾たいこ（イラストレーター）
装丁：加門啓子（デザイナー）
推薦：具志堅用高（元ＷＢＡジュニアフライ級王座13度防衛、石垣島出身）

＊登場人物の年齢は取材時に基づく

1

レッツゴークレージー!!

1―1　自覚

沖縄に赴く直前に、ある人から、送別の辞をもらった。

「万事あまり深刻にとらえずに、レッツゴー・クレージー!! で行きましょう」

いい響きだな、と思った。ちょっと不謹慎なようにも思えたが、ぼくにぴったりな言葉に思えてならなかった。

頭で悩むのではなく、まずはぶつかっていく。それが何よりも大事だと思えたのだ。かのプリンスのヒット曲のタイトルをそのまま頂戴して、沖縄での座右の銘にすることにした。

しかし、沖縄初日に洗礼ともいうべき出来事に遭遇する。


「あなた、どこね？ ヤマト？ すぐわかるよ」

沖縄に着いて、まずは新たな住居の下見を終え、近くにあった居酒屋に腰を落ちつけた。他所に車で行く用事があったため、ノンアルドリンクで二、三のつまみを食していたのだが、隣のテーブル席に座っている、ぼくよりちょっとだけ年長に見える女性が話しかけてきた。

ヤマト＝大和？ 一瞬だけだが、沖縄に来る直前に、東大寺修二会《しゅにえ》・お水取り撮影のために一カ月にわたって滞在していた奈良（大和王朝の中心地）が頭に浮かんだが、すぐにヤマト＝「本土の人間」という意味だと気づく。ぼくは、彼女に、自身がヤマトから来たこと、これから新都心にある職場に勤務する身であることを伝え、「どうぞよろしくお願いします」と結んだ。

しかし、彼女は、そのことに反応せずに、こう切り返してきた。「今このへんは、ヤマトからきた若者たちの溜まり場になってるさ。傍若無人だ。夜遅くまでどんちゃん騒ぎをして、ゴミを散らかしている。ほんとうにどうにかしてほしい。ここは沖縄だよ。ヤマトじゃないさ」、と。

彼女の言葉は、ぼく自身に向けられた言葉のように思われてしかたなかった。

そして、彼女は、自身の言葉に誘引されてか、少し高ぶっているようにもみえた。

「新都心のあたりも、日銀とか、総合事務局とか、ヤマトの官庁街のようなもんさ。あんたもそのひとりさね」

観光客も立ち寄りそうな居酒屋だけに、ぼくは自分がウェルカムモードで受け入れられるような気楽さで構えていた。だから、思いがけない話の展開に、ハンマーパンチで脳天をしたたかに直撃された心持ちになった。

かつて大江健三郎は、『沖縄ノート』にこう記している。


僕は沖縄へなんのために行くのか、という僕自身の内部の声は、きみは沖縄へなんのために来るのか、という沖縄からの拒絶の声にかさなりあって、つねに僕をひき裂いている。（中略）この拒絶の圧力をかたちづくっているもの、それは歴史であり現在の状況、人間、事物であり、明日のすべてである。


青い空、青い海、なんくるないさ、いちゃりばちょーでー、沖縄大好きです、云々。そんな単純さでは乗り越えられない大きな壁のようなものが、眼前にそびえ立っている……。「ヤマトンチュ」である自分自身をいやおうなく自覚させられたのだった。

でも、とぼくは思い直す。怖気づかず、沖縄素人としてうちなー世界にどんどんとぶつかっていこう。「レッツゴー・クレージー!!」の気概で「歴史」「現在の状況、人間、事物」を見つめながら、「明日のすべて」に向かって進んでいくしかないのだ。

1―2　やちむんの街に居を

少しだけ時計の針を巻き戻そう。

二〇二一年三月なかばのことである。奈良東大寺で「お水取り」という呼称で知られる修二会ロケを終え、東京に戻ったものの、沖縄に行くまでわずか一〇日あまりしかなかった。送別会の合間を縫って、ネットで、ではあるが、那覇市内限定で物件を探してまわった。

妻と子どもたちは東京に残ったため、単身赴任生活となる。せっかくの沖縄なのだから、オートロックがあるような都会的な建造物は避けたいと思った。周囲にも似たようなマンションが並ぶ場所ではなく、昔ながらの人と人とのつながりがある地域がいいなあと夢想した。

目論んだのは、鉄筋コンクリートではなく木造建築の捜索である。固定化された沖縄イメージを抜けてはいないのだが、ドラマや映画に出てくるような瓦葺きの家に住んでみたかった。ちなみに戦禍のため、それらの殆どは戦後建てられたもので、瓦の多くはセメントで作られていて「セメント瓦」というらしい。

しかし、である。「沖縄って、結構、物件探し苦労するんですよね」と同僚から言われていたが、その通りだった。なかなかこれぞという出会いがないのである。那覇市内の不動産業者曰く、セメント瓦木造家屋の物件は年に一軒あるかどうかで、出たところで瞬時に決まってしまうという。それを待っている場合ではなかったので、条件を緩め、鉄筋コンクリートの共同住宅も含め探し続けたところ、陶芸の町・壺屋に築二〇年越えの庶民的な物件を発見した。

直感的に、楽しそう!! と思った。

窓の外にはガジュマルのような木が見える。間取り図を見ると、小ぶりではあるが、庭もありそうだ。何よりも気に入ったのは、その立地である。目抜き通りのやちむん通りに面しているだけでなく、周囲が陶芸店ばかりで「唯一無二感」が強かった。かつて沖縄を旅した時にこの街に足を運んだことがあり、薄ぼんやりだが風情ある町並みだったことを記憶していた。幸い他に申込者はおらず、ぼくが優先的に交渉できることになった。

そして沖縄初日。さっそく壺屋に赴く。ゆるやかな曲線を描くやちむん通りは、アスファルト敷きではなく琉球石灰岩の石畳が柔らかに白光りし、シーサーや陶芸品を軒先に並べた店が両側に建ち並ぶ。沿道は都市景観形成地域に指定されていて、多くの家々が赤瓦の木造建築だ。瓦というと赤という固定観念ができあがっていたが、中には漆喰が塗られたためか、白主体の瓦もあるのには驚いた。辻々には、緑が繁茂し、昔ながらの苔むした石垣も散見された。ガジュマルの大木が屹立する地域の祈りの場・拝所(うがんじゅ)もあった。

所望する物件は壺屋のちょうど真ん中あたりで、当然のように両隣を陶芸店に挟まれていた。沖縄のコンクリート建造物によくある、外壁に直接ペンキで書かれたアパート名も風雨を浴び文字が薄れかけていて味わい深い。

中に入ると、広さやちょっとしたレトロ感は最高である。写真で見た通り、窓の外には沖縄ならではの植物が茂っていて雰囲気がいい（あとで調べると、クルチとも呼ばれるリュウキュウコクタンやクロトンそしてチャーギとわかる）。

　何よりもよかったのが周辺の環境である。国際通りの方面にちょっと歩くと、那覇でいちばんのにぎわいだった平和通りは加齢臭を漂わせながら主に日用雑貨を扱い、同じく年季の入った近隣の太平通りの店々は乾物、精肉、魚介、青果、総菜に到るまで沖縄食材をとり揃える。かつての青果市場（農連市場）を集約した農連プラザは四分ほど、牧志の公設市場も同じくらいの距離だ。また逆方向に歩けば、安里の栄町市場にも数分で到達することも判明した。飲屋街の桜坂、せんべろ店が出揃う牧志も目と鼻の先。また、こだわりの作品セレクトで名高い映画館・桜坂劇場までも徒歩で五分もかからない!!

　観光地としても知られる壺屋ではあるが、地元の人たちも多く暮らしているようで、まさに望んでいた街そのものだった。

　こうして魅力あふれる街・壺屋にぼくは拠点を置くことになった。ただこの時点では、ぼくはま

やちむんの街

だ、壺屋に秘められた深い歴史など知りはしなかった。

1―3 風俗街は国際交流の場

壺屋の部屋に入るまでは、審査などが必要で、しばらくはホテル暮らしをすることになった。最初の宿は、ネットで適当に選んだものだった。

土地勘がないまま、那覇市内ならどこでもいいかとタカをくくり、目に飛び込んだ宿をクリックした。所在は「辻」という地域だった。

那覇中心部を離れ、ナビは港の方向にぼくを誘っていく。人気《ひとけ》がなくなっていくなあ、と心細さを覚えるようになってきた時、景色が一変し、あたりは歓楽街となり、そしてラブホテル街に様変わりした。さらにラブホ街は、ソープランドが並ぶ風俗街になり、そこでナビは案内を終了した。

客引きが禁止されていないのか、胡散臭い輩が近寄ってくる。コロナの影響でどの店もかなり暇なようで、次々とぼくのまわりにやってきてしまった。ちょっとビビりながら、彼らを振り払いチェックイン。沖縄初心者にしては、ハードルのたかい場所に投宿してしまったようだ。

その晩、壺屋近くの居酒屋でへべれけになり、辻までどうにか辿りついたものの、宿の位置がよくわからない。すでに時間は深く、客引きのお兄さんたちもいない。

仕方なく、目の前にある「風俗案内店」に行って、道を教えてもらうという体たらく。同じことは繰り返される。翌日はシラフだったけど、やはり辻を彷徨《さまよ》ってしまう。困り果てて、客引きのひとりに話しかけたところ……。「あれ、お兄さん、ウチの店に来てたよね。今日こそ寄っていってよ。可愛い子いるよ」。なんと昨日の風俗案内店の人に再び巡りあったのだ。案内を断り、迷子になったことを告げると、またまた彼が親切にホテルの場所を教えてくれたという体たらく。

その後、辻の由来を知った。

琉球王国時代から昭和の初めにかけて、遊郭があった場所だった。尾類《ジュリ》と呼ばれる遊女たちが居住し、多い時は三〇〇〇人ほどいたという。彼女たちはプライドが高く、お金の多寡ではなく、気に入った男性としか関係を結ばない女性も多かったそうだ。そして辻の店々は必ずしもつかの間の快楽のためだけでなく、料亭や居酒屋の役割も担っていたようで、勤め帰りの酔客で連日賑わっていた。沖縄出身の名エッセイスト・古波蔵保好《こはぐらほこう》は『沖縄物語』でこう記している。

那覇の街中には、沖縄風のそばを食べさせる店があちこちにあっただけで、立ち寄って食事をする店、酒を飲む店は、まるでなかったといっていい。したがって、男たちが、宴会の帰り、仕事がすんでからのひと休み、あるいはパッタリ出会った友人とのつきあいに、いくべきところは「辻」しかなかった。

時には年端のいかぬ者が出入りすることもあったらしい。古波蔵も子どもの頃、父親と一緒に辻の尾類の家に泊まったエピソードを記していることからも、辻のおおらかさと懐の深さがわかる。

しかし、一九四四年一〇月一〇日の「十・十空襲」で那覇は潰滅状態となり、辻もそのほとんどが灰燼《かいじん》に帰し、尾類にも多くの犠牲者がでた。残された尾類たちの中には、沖縄戦の戦場で従軍慰安婦になった人たちもいたという。

戦後はしばらく米軍管轄の立ち入り制限地域＝オフリミッツだったが、それが解除されると、バーやクラブ、料亭などが次々と開店、売春目的の店も誕生したが、本土復帰前後に売春は禁止になり、トルコ風呂が立ち並ぶようになったという。その流れで現在もソープランドが並んでいるというわけである。

さて、翌朝のホテルチェックアウト後のことだ。近所を歩いたのだが、海沿いの道路にはまるでマーライオンのようなコンクリート製の巨大な像が二頭屹立し、こちらを睥睨《へいげい》している。龍柱というものらしい。そしてその近くには中国式の庭園「福

中国式の庭園「福州園」

州園」があった。天尊廟・天妃宮や孔子廟跡地などの施設や旧跡も近隣に点在しているという。この一帯は、かつて久米村（クニンダ）と呼ばれていて、琉球王国のキーポイントだったことをこの時に知った。

そこに暮らしていたのは、中国からの渡来者たちだった。

その中心となったのが、「閩人《びんじん》三十六姓」である。「閩」は、福建省の俗称で、「三十六」とは「多数の」という意味だそうだ。つまり福建省からたくさんの中国人が移り住んでいたのだ。彼らの知識と技能は幅広く、琉球王国が手掛けていた外国貿易には欠かせなかった。閩人たちは琉球に造船、船舶修理、航海術、通訳、外交文書作成、商取引方法、海外情報などを提供、琉球と中国（明王朝）との架け橋となったのだ。

福州出身者を祖先に持つ人たちの数は一万にものぼるというが、現在もネットワークをつくり、相互扶助をしているそうだ。その後のことだが、久米のあたりを歩いている時に突如、通り雨＝カタブイ（沖縄に来て早々タクシーの運転手さんに教わった言葉）に遭遇した。逃げ場はなく、通りがかりの民家の軒下に緊急避難した。住民が出てきたので、「カタブイになってしまったので、申し訳ございません」と謝ると、「そこでは濡れるからどうぞ」と家の中に通してくれた。ぼくが「このあたりには、中国系の人が多いと聞いたのですが」と聞くと、ご主人は「多いどころか、あそこもあそこも、あちらもこちらも」と言いながら東西南北を指さした。現代の国際情勢がこの街にも影響を及ぼしているようで、ご主人はこう続けた。「でも今は、中国との関係もあるので、自分の祖先が中国から来たと言わない人も結構いますね」。

波上宮の傍にある天尊廟・天妃宮に赴いてみた。赤い門を潜ると、広場の先にあったのはまさに中国風建物だった。祀られていたのは、道教の神。天尊は現世の悪を絶滅させる民衆の神、天妃は航海・漁業の安全を守る神だという。

しかし、久米周辺には横浜や神戸や長崎のような判然たる中華街はない。横浜、神戸、長崎の中国系の人たちの中心は商人だったが、久米村の人々は琉球王国の官吏だったため街の成り立ちに差が出たようだ。

渡来した中国の人々が琉球王国に果たした深い影響力、そしてその後日譚《たん》。漠とした知識は備えていたつもりだが、実際はわかっていないことばかりだった。実地に来てリアルに感じることの貴重さを痛切に思った。沖縄にはやはり独自の歴史が深く横たわっているのだ。

沖縄に来たしょっぱなに大事なことを知ることができ、風俗街のホテルに感謝の念すらおぼえたのだった。

1―4　音楽界のチューバー

ぼくは、その人のファンだった。まさか沖縄初日に会えるなんて……。

向かったのは、那覇から車で三〇分ほど離れた北谷アメリカンビレッジ。自然と緊張感がたかまっていく。そこに本人が経営するライブハウス「カラハーイ」はあった。

沖縄に精通している友人からの紹介だった。「沖縄で、まずは会ったほうがいい人は誰でしょうか」というメールに、彼は事もなげにこうリアクションをしたのだ。

「沖縄のミュージシャンで今もお付き合いのある照屋林賢さんをご紹介したいのです」

照屋林賢さん!! 数々のヒット曲を送り出した「りんけんバンド」のリーダーである。ぼくも一ファンとしてCDを購入、繰り返し聞いていた。『ありがとう』『ムリカ六星《むちぶし》』など大好きな曲ばかりだ。

恐る恐る友人から教えられたアドレスにぎこちなく「照屋さんがお忙しくない時にご挨拶に伺うことができたら幸いに存じます」と辿々《たどたど》しい文面を送ると、林賢さんはすぐさまリアクションをくれた。「ありがとうございます。こちらこそ宜しくお願いします。いつでも大丈夫ですよ。渡辺さん待ってます」。

ぼくは「いつでも」を真に受ける形で、無謀にも沖縄初日の夜にアポイントを取ったのだった。本章の冒頭で触れた壺屋近隣の居酒屋でアルコールを飲まなかったのはこのためだった。ヤマトンチュであることを自覚させられたあと、レンタカーで林賢さんのもとに向かったのである。

構えていた緊張はすぐにほどけた。

アメリカンビレッジの一画、サンセットビーチ近くにある「カラハーイ」の入り口で真っ黒に日焼けした精悍な林賢さんが待っていた。ぼくを認めると破顔一笑、「ようこそ」とぶ厚い両手でぼくの右手を握りしめ、かねてからの知人のようにあたたかく迎えてくれた。「ちょうど、番組が始まるところだから、よかった」と言いながら、ライブハウスに誘うのだった。

林賢さんは、四人組（当時）の女性ユニット「ティンクティンク」のプロデュースを手掛けていて、その一環で、毎日のように、彼女たちMCによる一時間ほどの歌番組をネット配信していた。ちょうど生配信が始まるタイミングだったのだが、「カラハーイ」は無観客でぼくひとりしかいない。なんという贅沢!!「ティンクティンク」の生歌を何曲も聞くことができて、沖縄初日にして至福な時間だった。

配信終了後にオフィスに場を移したのだが、林賢さんは、コロナ禍の自身の役割をこう語ってくれた。

「こういう時だからこそ、音楽で多くの人たちを力づけたいと思うんですよね」

何よりも驚かされたのは、林賢さんのあふれるバイタリティーだ。たとえば、この日の生配信が象徴的である。トークだけでなく生歌をともなった番組だったが、当然

「りんけんバンド」のリーダー照屋林賢さん（右）と筆者

ながら撮影から舞台照明、音声、さらにネットにあげるまでの煩雑な作業をともなう。フロアには、様々なケーブルが張り巡らされ、カメラもコンピュータも何台もある。しかし、林賢さんは、それらの機材コントロールをスタッフや技術者に任せるのではなく、たったひとりでこなしていた。ヘッドフォンで音声を聞きながらミキサーを調整し、すぐさま複数台のカメラのファインダーを確認してフォーカスや画角をあわせていく。そして配信ができているかをパソコン画面でチェックする。「覚えてしまえば、簡単ですよ」とこともなげに言うのだが、最低でも三〜四人は必要な作業にちがいない。

ティンクティンクのプロモーションビデオを見たのだが、撮影編集のすべてを林賢さんが手掛けたそうだ。ドローン映像もあり大迫力だったが、それも彼自らのオペレーションだった。ビジネスマンとしての才覚もあり、北谷にリゾートホテルやレストランを経営、ライブハウスにあった巨大モニターの開発もして、その特許を取得したという。東洋一の音楽スタジオを沖縄県内に作る計画もあるらしい。

当初は曲も詞も書くことがなかったというティンクティンクのメンバーだが、林賢さんの指導で、今や各人がオリジナル楽曲を持つようになった。そのいくつかをスタジオで聞かせてもらったが、沖縄の旋律を深く取り込んだ惹きこまれるものばかりだった。「これからは、音楽をやるにもいろんなことを知っていないといけないと思うんですよ」と語ったが、その言葉通り林賢さんは東京から講師陣を招き、四人に経営学から社会情勢に至るまで学ばせているというのにも仰天した。

心落ち着いたのは、林賢さんは重鎮でありながらも、まったく偉ぶらなかったことだ。夜中近くまでよもやま話が尽きなかったのだが、熱を込めて夢を語る林賢さんは、まるで子どものように茶目っ気たっぷりの輝いたまなざしを浮かべていた。

深夜のコンビニ飯を食べながら、林賢さんは、笑いながらこう宣った。

「歳をとるとともに、どんどんやる気が増してきているように思います。止まってしまうと終わってしまうような気がするんですよ」

エネルギッシュで前向きな言葉に、彼の原動力が宿っていた。

照屋林賢さん、御歳七一。総合的創造力を支えているのは、しなやかさと芯の強さだと思った。こんな風に歳を重ねられたら最高である。

沖縄で、自分の信念を曲げずに貫き通す人物をチューバー（強者）というらしい。沖縄初日に沖縄の底力を見せつける沖縄ならではのチューバーに出会えたのはアタガフーだった。

1—5　米軍上陸の浜

遠くへ行きたい。それもできるだけ遠くへ——。

まだマイカーを入手していない頃、思案した。沖縄島内で、もっとも遠くに行く方法ってなんだろう。バスは、時間的余裕がないと不安だし、情けないことに長い間乗っていると車酔いしてしまう。思い切って、ヒッチハイク？ 若い頃に、無謀にも山梨から岐阜まで厚意に甘えて車を乗り継いだことをふと思い出す。いやいや、経済的に困っているような若者ならいざ知らず、五十半ばのぼくが指をあげてもみんな気味悪がり停まらないだろう。だいたいコロナの時代に見ず知らずの他人など乗せないだろう。

その時、思い浮かんだのが、那覇の泊《とまり》港の光景だった。

この際、船舶を利用して離島に行くのはどうだろう。即座に新都心の職場の西南方向の窓から見える島々が追想された。

慶《け》良《ら》間《ま》諸島。

緑に覆われた島影を眺める行為は、仕事のあいまの一服の清涼剤になっていたのだが、そこがどんな場所か、気になりながらしまいこんでいたのだ。

ある人からこんな昔言葉《んかしくとぅば》を教えてもらった。「きらまー　みーしが　まちげー　みーらん」。直訳すると「慶良間は見えるがまつげは見えない」で、「灯台下暗し」と同様の意味のようだが、ぼくは「慶良間はまつげみたいに身近だよ」と勝手に曲解した。

実際、那覇からおよそ四〇キロしか離れておらず、天候にもよるが、高速船を使うと一時間以内で行くことができる。大小三六もの島から成り立っていることに気づいたが、とりあえず、聞いたことがなかった名前の阿嘉島《あかじま》に行くことにした。何も考えずの行き当たりばったりに意味があるような気がして多くを調べずに、海から近そうな安宿をネット予約した。

レッツゴー・クレージー!! である。


ゆったりとしたスピードで泊埠頭を離岸した船は、港の防波堤を出たところで、速度をぐんぐんと増し、高速艇と呼ばれるのにふさわしい速さで波を切っていく。

四月某土曜日。

斜光に照らされた東シナ海は美しい。初離島への期待でドキドキとワクワクが交叉する。砕ける波を呑気に眺めているうちに、グラグラと揺れはエスカレート、船酔いの心配をしたが、杞憂のまま真っ青な礁湖に囲まれた阿嘉島に到着する。眩しいほどの海の色は、「ケラマブルー」と呼ばれ、世界的人気を得ていると知る。

宿の人が、泳ぐならすぐ目の前の「メーヌ浜」がいいと教えてくれた。メーヌとは「前の」という意味だった。

四月半ば過ぎなのに、もう泳げるのか!! という感動を抱き、はしゃいだ気分でその地に赴いたのだが、そこにある看板を読み、雷に打たれたような気持ちになった。

メーヌ浜は、米軍の沖縄作戦の最初の上陸地点だったのだ。沖縄島上陸にさきがけて攻略したのが慶良間だったことは知ってはいたが、ぼくが泊まる宿の前の浜がまさかその場所だとは……。

ゆっくりと浜を歩くと、堆積した枯れた珊瑚が擦り合わさってカラカラカラと鳴る。いくつか拾いあげたのだが、砕けた人骨のようなものが目につき、ドキッとさせられた。

沖縄着任後、真っ先に来なくてはいけない場所だった。しっかりと沖縄に向き合えという、大きな存在からのメッセージに思えてならなかった。

1―6　秘匿された特攻

翌日、阿嘉島でシュノーケリングに興じ、近寄ってきたウミガメと一緒に泳ぐという貴重な体験をした。陽を浴びた背中は真っ赤になり、まだ四月というのに皮が剥けるという羽目になる。

沖縄の海は、素晴らしいなあ、などと安穏とした気持ちで浜にあがると、日差しを受け深緑に輝くアダンの茂みの前に無機質な一枚看板があるのに気づく。

「秘匿壕入り口」

「秘匿」という二文字が放つ強烈さに誘われ、茂みをかきわけて進むと、岩壁が出現したのだが、そこを穿《うが》つように壕があった。自然壕にも見えたが、戦時中の人工物と知る。

「秘匿」されていたのは「マルレ」という長さ五メートルのベニア板のボートだ。後部に大型の爆弾を搭載した陸軍の特攻艇である。沖縄島西海岸に上陸が予想された米艦隊に背後から奇襲攻撃をかけるため、慶良間列島の座間味、阿嘉、慶留間島《げるまじま》、渡嘉敷島にそれぞれ一〇〇隻配備されたという。

壕は暗く、内部の様子はわからなかったが、そこにはレールが敷かれ、「マルレ」が五艘ほど収容されていたという。阿嘉島民だけでなく、朝鮮人も壕掘りに駆り出されたそうだ。この特攻艇部隊があるが故に米軍を警戒させ、彼らの慶良間上陸にもつながったともいわれている。

三月二六日の米軍上陸に際し、阿嘉島では、「マルレ」のほとんどが破壊され、残りも秘密漏洩を危惧した日本軍が自沈させたため、出撃した記録はほぼ皆無だそうだ。

海上の特攻隊だったはずの戦隊は、山中の陣地に退避、一部兵力で夜間斬り込みを行ったという。

陸軍の航空特攻の取材を長く続けたことがあるが、海上特攻の過酷さに衝撃を受けた。奄美の加計呂麻《かけろま》島でも同様の海上特攻の歴史にも触れることになるが、そのことは後述する。

1—7　母が姉を……

阿嘉島のすぐ隣に位置する慶留間島に、米軍上陸を間近で目撃し、集団自決の場に立ち会った方が健在だと、宿の人が教えてくれた。電話番号は不明だが、大まかな住所はわかったので、直接赴くことにした。

慶留間島までは橋がかかっているため、宿で自転車を借りた。よく晴れた日で、阿嘉大橋の下を流れる海峡は、まさにケラマブルーで心を高揚させた。

重要文化財に指定されている高良家住宅のすぐ近くなので、そこで聞くように言われていた。伝統的な木造家屋の高良家は、琉球王国末期に中国との交易によって栄えた地元の船頭が建築したもので、赤瓦葺きが目に映えたが、見学はそこそこにして、案内の方に尋ね人の所在を聞くと、すぐ隣の家と判明する。

呼び鈴もないので大声で「武次郎さんはいますか」と問うと、本人が出てこられた。

中村武次郎さん、九一歳。

戦時中の話を聞きたいと述べると、「いろんなことを忘れてしまったけどね」と言いながら、唐突の来訪者を座敷にあげてくれた。しかし、挨拶直後に困ったことに直面した。武次郎さんのうちなーぐちをぼくが完全には理解できなかったのである。ありがたいことに、ちょうど帰省中の娘さんがいて、彼女が部分補足してくれることになった。

太平洋戦争が始まると、通っていた小学校では「戦争の話ばかり」になり、十・十空襲のあとからは授業はなくなり、武次郎さんは日本軍に動員され、屋根を葺くための茅を運ぶなどしたという。

「なんだかんだ、あれこれやりましたね」

さらに四五年三月二三日に空襲があり、家族で山に逃げたという。空襲の三日後には艦砲射撃があったのだが、そのさなかに高等小学校の卒業式が行われた。

「その時は翌日に、まさか、あんなことがおきるとはね、思いもしませんでした」

米軍が上陸してきたのは、三月二六日の朝、島の南側=集落間近の海岸からだった。阿嘉島と異なり、慶留間島では、「マルレ」の一部が出動したが、多くは米軍の攻撃で破壊された。八〇〇人ほどの日本兵たちは阿嘉島に脱出したという。

守備隊がいなくなり、島民たちは島の山中に退避した。島民たちのあいだで「兵隊たちは玉砕しているので、私たちも自決しないと」という声があがったという。

そこからの武次郎さんの話は、想像を絶するものだった。武次郎さんは、自分の首をしめるポーズをつくり、「これ、やったんです」。

避難していた壕で、母親が姉・清子さんの首に手をかけたのだ。清子さん本人が母親に頼んだのだという。武次郎さんは、姉が絶命に至るまでの一部始終を間近で見ていたという。

「母に、『待て』と言えなかったのが残念です」

でもね、と言い、武次郎さんはこう続けた。

「アメリカが上陸したら、若い女はなぶりものにされると教えられていたから、母の決断はしかたなかったと思います」

慶留間島で集団自決(集団死)が始まったのは、四月一日頃からだったという。一二〇人の島民のうち五三人が自決で命を落とした。紐を使って首をしめたり、首を吊った例が多かったようだ。

武次郎さんは、島民の死体の片付けもしたという。惨劇からほどなく、米兵が山中にやってきた。

「出てこい、と言われました。日本語だった」

武次郎さんと母親は米軍に投降したところ、彼らは何も手出しをせず、逆にタバコや飴、そして携帯口糧を与えてくれたという。「日本軍から聞いていた話が嘘だったと気づきました」と武次郎さんは悲しそうにつぶやいた。

「母は、戦後、戦争の話を一切することはなかったです。そして死んでいった」

この島で、戦後、戦争の話をできるのは武次郎さんただひとりになったという。

帰路、阿嘉大橋に差し掛かると、すでに陽は暮れかけていた。ケラマブルーは、朱を帯びながらも変わらぬ輝きを放っていたが、往路に味わった開放的な気持ちには到底なれなかった。

その後のことになるが、ぼくは、同じ慶良間諸島の渡嘉敷島にも赴いた。

島の南端・阿波連ビーチの沖合でのシュノーケリングは、まるで宝石箱をのぞきこむような心躍る体験だったが、その後に向かった島の北部でまったく逆の重い感情に包まれた。そこにある石碑には、この島の過酷な歴史が刻まれていた。

米軍が渡嘉敷にやってきたのは、阿嘉や慶留間、そして座間味より一日遅い三月二七日のことだった。上陸を察知した島の日本軍は、「マルレ」を自沈させ、北部山中の陣地に移動した。日本軍は、全島民たちに向けて陣地近くに集まるように命じたという。

集団自決が起きたのは、米軍上陸の翌日だった。陣地近くの谷間で、三三〇人が亡くなった。日本軍から渡された手榴弾を使ったものが多かったという。

ぼくは、碑文を読んだあとに同行していた高校生の息子とその谷間を歩いたのだが、ポカポカした陽気で、美しい鳴き声の鳥たちがさえずり、往時の惨事を想起するのは困難だった。

地元のレストランで食事をとったあと、還暦前後のご主人が親切にも、宿まで車で送ってくれたのだが、ぼくが谷間に行ったことを話すと、こう返してきた。

「ぼくのばあちゃんも集団自決の場にいました。でもたまたま助かったようです。その時に死んでいたら、ぼくはいないわけですけどね」

彼は屈託なく笑うと、でもね、と続け、

「島で暮らしている人たちみんながそうですよ。みんな同じ過去の体験を背負っているんです」

美しいケラマブルーのまぶしさと裏腹な悲しい歴史。そのギャップはあまりにも大きく、動揺はなかなかおさまらず、宿に戻ってもすぐには寝つけなかった。やがて息子がたて始めた寝息が、子守唄になった。

1—8　七九歳との旅路

東京にいる時から、ずっと気になっていた、やんばるの一地域があった。

東村高江。

集落に隣しているのは、米海兵隊の北部訓練場だ。かつては国頭村と東村にまたがる七五〇〇ヘクタールに及ぶ広大なものだったが、「県民の負担軽減・基地の整理縮小」を掲げ、一九九六年に日米間で設置された「沖縄に関する特別行動委員会（ＳＡＣＯ）」での合意でその過半（四〇〇〇ヘクタール）が返還された。

返還地域に七カ所のヘリパッドがあったのだが、米軍は、それを撤去する代わりに、継続使用する部分にあらたなヘリパッドを設けることを交換条件にした。住民たちの激しい反対運動を押し切って、オスプレイが離発着する六つのヘリパッドは、高江を取り囲むような形でつくられた。

その実態と背景の歴史を、三上智恵監督の映画『標的の村』で知って以来、現地を訪ねたいとの思いが募っていたのだが、沖縄に来て早々に、思いがけない形で実現することになった。

東京の恩人から紹介された七九歳の劇作家がキーパーソンだった。

謝名元慶福《じゃなもとけいふく》さん。

もともとは沖縄島東海岸の平安座島《へんざじま》の出身だが、少

謝名元慶福さん（左）と筆者

年時代に沖縄戦に巻きこまれ、家族とともにやんばるの森で難を逃れたという体験を持ち、戦後は琉球放送を経て、ＮＨＫ沖縄放送局の前身である沖縄放送協会（ＯＨＫ）の発足に関わった放送史の生き証人である。つまりぼくの直接の「先輩」でもあるわけだ。

新都心の喫茶店で面会し、よもやま話を聞いている中で、謝名元さんが、高江のヘリパッド反対運動を追ったドキュメンタリー映画『いのちの森　高江』の制作者だと知る。奇遇な符合にドキドキしながら、愚問を投げかけた。

「では、高江に知り合いはいらっしゃいますよね」

謝名元さんはすぐに、住民のリーダー、そして環境保護に取り組む研究者の名前をあげた。興味を示すぼくの顔を見た謝名元さんの行動は早かった。その場ですぐに携帯に手をかけ、誰かに連絡を取り始めたのだ。呼び出しのあいまにこちらに向きなおり、「地域のリーダー的存在です」と教えてくれた。

電話はつながり、謝名元さんは、ぼくが高江に興味を持っている旨を先方に伝え、携帯をこちらに手渡した。

安次嶺現達《あしみねげんたつ》さんだった。自己紹介もそこそこに、ぼくはこう切り出した。「よかったら、高江にお邪魔したいと思っています」。

唐突な申し出にもかかわらず、安次嶺さんは、柔らかい口調で「いつでもいいですよ」と応えてくれた。この機を逃してはいけないと思い……。

「急ですが、明日はご都合いかがですか」

安次嶺さんは、快諾してくれただけでなく、自宅が民宿だから宿泊の心配は無用と言ってくれた。こうしてぼくは急転直下、高江に行くことになったのである。

でも、話はここで終わらなかった。それは常識をくつがえす、コペルニクス的「事件」だった。電話を切ったぼくに向かって、謝名元さんはこう言ったのである。

「よかったら私も一緒に行っていいですか」

一瞬、ぼくは自身の耳を疑った。でも、と思い直した。これこそ、レッツゴー・クレージー!! である。

「車がないので、バスを乗り継いで行き帰りをしないといけません。それでもいいですか?」

すると謝名元さん、目を輝かせ、言い切った。

「全然構いません」

ぼくは、謝名元さんのフットワークの軽やかさに、沖縄のシニアパワーの凄みを垣間見た気持ちだった。

こうして七九歳の謝名元さんとの標《しるべ》なき旅が始まった。

1—9　ブロッコリーハウス

那覇から二時間半ほどかけて高江に到着し、指定された場所に行ってみると、ぼくたちの面倒をみてくれるはずの安次嶺さんはいない。別の方がいたのだが、彼の話によると、どうやら安次嶺さんの民宿は何らかの理由で使えないことになったらしい。

その方の名は清水暁さん。もともと金沢市出身で一四年前に高江に移住したという。

清水さんに導かれ到着したのが、否が応でもこちらの目を引く派手なプレハブの建物だった。一面に賑やかな色彩でヤンバルクイナ、ノグチゲラなどやんばるの生物と植物が描かれている。中央に連帯を意味する「SOLIDARITY」という文字が踊る。それがヘリパッド反対運動の拠点「ブロッコリーハウス」だった。やんばるに群生するイタジイ（スダジイ）は、地元では形が似ていることから「ブロッコリー」と呼ばれており、それが建物のネーミングの由来だった。

清水さんの厚意でここに二泊することになったが、謝名元さんは大丈夫だろうか？ 彼の方を振りかえると、邪気のない表情を浮かべながら荷解きをしていた。

高江の「ブロッコリーハウス」

窓の外に広がる光景に目を奪われた。亜熱帯特有の植物が幾重にも層をなし、絨毯《じゅうたん》を敷き詰めるように、遠くまで広がっていた。イタジイの森の手前には、名も知れぬシダ類が絡み合う茂みが広がり、原色の鳥たちが飛び交う姿は、まるでゴーギャンの世界である。

このあたり一帯は、前記したヤンバルクイナやノグチゲラなどの固有種や絶滅危惧種が数多く生息し、高等植物は千種以上、動物は五〇〇〇種以上にのぼり、その後、ユネスコの世界自然遺産に登録されている。

目の前の森は、米軍の北部演習場の一部か、数年前に返還された土地だそうだ。そういえば、米軍の基地に一般人は入れないし、開発もされないため、皮肉なことに演習場の一部は「自然保護」がなされているのだ、という話は聞いたことがあった。

森から漂ってきた空気に懐かしさをおぼえた。かつて二年間暮らしたミクロネシア・ヤップ島のブッシュ（茂み）から発せられるものとまったく同じ芳香だった。ぼくは両眼で森の豊穣を慈しみながら、脳裏で彼の地への郷愁を帯びたタイムスリップを楽しんだ。

1―10　夜九時過ぎの轟音

北部訓練場は、一九五七年にジャングルでの戦闘を目的に使用が始まった。実際に三年後に開始したベトナム戦争の際にはゲリラ訓練が行われ、現在も世界唯一の「ジャングル戦闘訓練センター」として、沖縄だけではなく、米本国からも海兵隊が来てゲリラ戦の訓練を積んでいるという。

やんばるの森に詳しい蝶研究家の宮城秋乃さんの案内で、謝名元さんとともに足を踏み入れたのは、返還された演習場跡地だった。道なき道を行くこと一〇分あまり。なんの変哲もないツタ類が絡み合う森だったが、宮城さんは立ち止まると、リュックサックから何かを取り出して、地面にあてた。すると……機材は瞬時にピーピー鳴り出した。金属探知機だった。

数十秒かけて、スコップで掘り出したのは、ビニール袋のようなものだった。

「レーションですね。米軍の携行食品の袋です。外装は金属ではないですが、中に入っているレトルト食品の小袋はアルミになっています」

森の中には、このような米軍の遺物がいまだに多く残されているという。

ブロッコリーハウスに戻ると、すでに日は暮れていた。そこに安次嶺さんも合流、清水さんと謝名元さん共々「ゆんたく《おしゃべり》タイム」となった。

四人の子どもたちを自然の中で育てたいとの思いから、二〇年ほど前に嘉手納基地の近くから高江に移住した安次嶺さんだが、現在は別の集落に暮らしているという。しかし、高江と周辺地域のことを聞きたがるぼくに、安次嶺さんのリアクションは少なかった。物静かにウーロン茶を飲み続けていたが、ちょっと離れた住居に向けて一足先に引きあげた。

夜九時過ぎ、上空でバリバリという音がしたと思った瞬間、ブロッコリーハウスが激しく揺れだした。ぼくの体にも揺れが襲ってきた。オスプレイがどこかから飛来し、集落の上を低空で旋回しているのだ。爆音は中途半端なものではなく、ぼくを覆ったのは恐怖感だった。

これが高江の現状だった。

安次嶺さんが、帰り際に語ったことを思い返した。せっかく子どもたちをのびのびと育てたいと思って高江に移り住んだものの、四人は騒音のために睡眠不足に陥り、学校も休みがちになったため、高江を離れる決意をした、と。安次嶺さんの口が重かったのは、現実を多く語りたくないからだと遅ればせながら気がついた。


演習は、夜九時半をまわった頃にようやく終わった。

激しく動揺し、怯え顔のぼくをちらっと見て、清水さんはつぶやいた。

「もう慣れてしまいましたね。子どもたちも今、家で寝ていると思いますよ」

早まった心臓の鼓動は、なかなかもとに戻らなかった。

頭は混乱していた。でも、己の胸ぐらに大きく突き刺さった何ものかがあった。

これが、基地が実在することのリアルなのだ。

それまで新聞記事や映像で知ったつもりでいたが、実体験を通じた現実は、それをはるかに凌罵するものだった。

まさに「百聞は一見に如かず」だが、問題の深刻さをいかに理解していなかったかを痛感させられた一夜だった。

1―11 対馬丸の記憶

以前から、友人から訪問をすすめられていた場所があった。

喜如嘉《きじょか》。

芭蕉布の生産地で、齢百歳の人間国宝・平良敏子さんはまだまだ現役で、糸を紡ぎ機を織っているという。やんばるの森に囲まれた自然も素晴らしいらしい。ぼくの中に、あふれる緑に囲まれる工房で、集落の人たちが力をあわせて伝統工芸にいそしむ光景が紡ぎ出されていた。

ブロッコリーハウスでの謝名元さんのひとことが、訪問のきっかけとなった。

「喜如嘉に知り合いがいますので、行ってみますか」

知り合いとは、まさに平良敏子さんだった。謝名元さんは、数年前に『人間国宝　平良敏子の手わざ』という映像作品を世に出していたことをこの時に知る。喜如嘉は東村のすぐ隣の大宜味村にあり、高江からだと車で一時間もかからないこともわかった。

清水さんが車を出してくれるというので、厚意に甘え、ヤンバルクイナの鳴き声を耳にしながら、沖縄島最北端の辺戸岬を経由し、喜如嘉に至った。

喜如嘉は、道沿いに糸芭蕉の畑が広がり、そこに家屋が点在しているのどかな集落だった。

謝名元さんに連れられたのは、喜如嘉の公民館だった。館長とふたことみこと話をしたあとに謝名元さんはこう言った。

「きょう、敏子さんは都合が悪いらしいです」

期待していただけにがっかりしたが、そんなに簡単に会えるわけがないよな、と思い直す。

「でも義理の妹さんの啓子さんが、来てくれます」

謝名元さんは、さらに思いがけない言葉を続けた。

「啓子さんは、対馬丸で九死に一生を得た方です」

対馬丸は、沖縄に戦争が迫っていた一九四四年八月、那覇から長崎に向かった学童疎開船である。途上、鹿児島県トカラ列島悪石島《あくせきじま》沖で、米潜水艦ボーフィン号の魚雷攻撃を受け沈められた。犠牲

沖縄島最北端の地、辺戸岬

者は、判明しているだけでも一四八四人にのぼるが、このうち八〇〇人近くが子どもだった。被害の全容は今もわかっていない。

以上のことはぼくも細かい数字は別としても大づかみに知っていたつもりだ。しかし、これだけの重い事件の生存者が健在だということを想像したこともなかった。

公民館の一室に通され、二〇分ほどで品のいい老女が入ってきた。平良啓子さん、八六歳だった。

穏やかな表情を浮かべながら啓子さんは、自身の体験を語ってくれた。

事件当時、国民学校四年生だった九歳の啓子さんは、祖母や姉、兄らとともに対馬丸に乗船した。米潜水艦の攻撃で船から投げ出され、家族と離ればなれになりながらも、たまたま流れてきた醤油樽につかまり、その後、二畳ほどの筏《いかだ》に乗り移り、六日にわたって漂流した。魚を採取し、漂流している食料を泳いで取り、辛うじて命をつないだ。奄美大島宇検村《うけんそん》の無人島に漂着し、漁師に救出されたのだが、家族と従兄弟は、全員亡くなっていた。

啓子さんは、柔らかだが芯のあるまなざしでこちらの目を見つめながら、「戦争だけは許さない。とにかくそれだけです」と話を締めくくった。

平良啓子さん

やんばるの地で、思いがけずも、ふれた戦争の記憶。外は、さきほどまでの晴天が嘘のように一転し、激しい雨が降りそそぎ、緑の森を濡らしている。のどかだった風景は深い影を帯び、こちらにのしかかってきた。

1―12　少女たちのまなざし

後日、対馬丸事件への考えを深めるため、那覇市若狭にある対馬丸記念館を訪問した。入り口付近に、当時小学四年生だった「啓子ちゃん」の体験談がパネル化されていた。学芸員に聞くと、まさに平良啓子さん本人であることがわかったが、喜如嘉では聞ききれなかった話の数々が記されていた。沈没直後の人々の様子と自身の心理をこう描写している。

ひとつのイカダを何十人もの人びとが奪い合っていた。はい上がる自信を失ってしまったがとりすがらなければ死んでしまう。やっとの思いではい上がった時男の人が「あとから入ってきたな」とこぶしで私の背を打った。私はよけいに力を込めてふんばった。

東シナ海の荒海での漂流は、死と隣り合わせだった。啓子さんの体験談は、こう続く。

昨夜死んだ男の赤ちゃんは、浪にさらわれいなくなっていた。私の唇はかわき、くっついて離れない。薄いブラウスは破れ　皮膚が薄黒く焼けてただれはじめた。昼ごろ、おばあさんが目を開けたまま死んだ。人喰いフカが漂流者を襲っていた。

小学四年生には、あまりにも過酷な体験。体も心も弱っていったことを啓子さんはこう綴る。

髪の毛がずいぶん薄くなり、もんぺも破れてきた。たまらなく暑い。ふと後ろを見るとやさしかったおばあさんがいなくなっていた。みんな口もきけないほど疲労こんぱいしていた。生き延びられることを心のどこかで期待しながらも生き抜く自信を失っていた。

数日の漂流の末に、「サラサラと岸打つ波の音を聞いた」。ようやく宇検村の島に辿り着いたのだ。「抱き合って喜んだ」ものの、七歳の女の子は間もなく息絶えた。啓子さんたちは、地元の漁師に救助され、手厚い看護を受けたが、いかだに同乗していた遭難者一〇人のうち生き残ったのは、四人だけだった。

啓子さんは、沖縄戦を前にした一九四五年二月にふたたび沖縄に帰郷する。

ぼくは、記念館の資料で当局の対応の冷酷さも知った。啓子さんのように生還した人たちに対して敷かれたのが「箝口令《かんこうれい》」だったのだ。事件が多くの国民に動揺をあたえるというのが理由だった。

沖縄戦のさなかは、北部の山中の小屋に避難したものの、今度はマラリアと飢えに苦しめられたという。どこまでもついて回る災禍に、幼い啓子さんの心が負った傷はいかほどに深かったか、想像するに余りある。

小さな命を脅かす戦争。

対馬丸記念館には、犠牲になった子どもたちの氏名が記され、遺影が飾られていた。あどけない笑顔が目立ち、心が重くなった。数多《あまた》のまなざしがぼくを突き刺すようだった。

1―13 ぶれない個

闘う彫刻家。あるいは、抵抗する彫刻家。

そんな称号を聞いていたために、会う前は、怖い人とばかり思いこんでいた。でもそんな偏見は、初対面の一分後には消し飛んでいた。茶目っ気まじりの眼は、誰をも朗らかにする柔和さと、それでいて奥の奥まで見通すような鋭さを兼ね備えていた。

沖縄県読谷村在住の金城実さん、八二歳。

つながりの始まりは二〇一〇年のことだった。日米安保条約の改定半世紀というタイミングで、ぼくは沖縄を訪れて基地問題を取材していたのだが、幾度となく耳にしたのが金城実という名前だった。「読谷村に本気で権力と闘っている彫刻家がいる」「彼の作品には魂がこもっている」云々。通いつめていた桜坂のバーのマスターが実さんにぞっこん惚れ込んでいて、「こんど会わせるから」と言っていたのだが、マスターは悲しくもガンで他界してしまい、そのままになった。

ようやく本人と出会えたのは、その五年後である。人間の奥底に巣食う差別意識を主要テーマに一人芝居を続ける俳優・中西和久さんが、ある団体から人権侵害を受けたのをきっかけに、近しい人たちが激励のために都内で集まった。ぼくも末席に加えてもらったのだが、座の中心にいたのがちょうど上京中の実さんだった。

なんて感情が豊かなんだろう。それが実さんへの第一印象だった。彼は、大いに飲み、そして大いに語り、笑い、そして泣いた。本気で中西さんに寄り添い、中西さんになりかわって怒り、拳をふりあげる姿に胸打たれた。

その席上でぼくは、すっかり出来あがっていた実さんにこう語りかけた。

「こんどゆっくりとまたお話ができたら嬉しいのですが」

抵抗する彫刻家、金城実さん

すると実さんは、笑顔で
「いつでも。読谷のアトリエに遊びに来なさい。飲もう。そしてそのまま泊まりなさい」
以来、実さんのアトリエに行くのが大きな目標となった。

実さんの凄みに触れることになったのは、新宿での出会いから一年後に赴いた長崎だった。爆心地公園の一画に、ブロンズ彫刻があり、思わず目が吸い寄せられたのだが、それが実さんの「長崎平和の母子像」だった。

周囲には、平和を標榜する巨大な銅像があったが、実さんの作品は異なる重みを持っていた。刻まれていたのは、被爆した人々の怒りと苦しみ、そして哀しみだった。見ているだけで、人々のうめき声と叫び声が聞こえてくるようだった。

沖縄に移り住んでさっそく連絡を取った。あいにく猛威を振るうコロナのためにひと月ほどずれこんだが、ついに五月、念願だった実さんのアトリエを訪ねることができた。

敷地いっぱいが美術館のようになっていて、庭にはかつて大阪の部落解放運動の象徴だった「解放のオガリ像」が鎮座していた。設置されていた施設が解体されるにあたり、読谷に運ばれたのだという。

陽が読谷の海に傾きかけてきた頃合いに、同じ読谷に住む僧侶・知花昌一《ちばなしょういち》さんが合流、一献傾けた。よろずに話が及んだが、実さんが知花さんとともに一貫して語っていたのは、大きなものに巻かれずに己を貫くことの大切さ、だった。これほどまで強烈な「個」を噛み締めるのは、久しぶりの体験だった。ここにも己を曲げないチューバーがいた。

実さんは、差別を受けて倒れた遊女たちに思いをこめ、連作・隠れ念仏の彫刻とその論文に取り組んでいた。八八体からなる隠れ念仏の最終作は、沖縄にいた朝鮮半島出身の従軍慰安婦だという。完成に近づいた作品を指しながら、実さんはこちらに問いかけるように語った。

「なんか、沖縄の人ばかりが悲劇といわれるが、沖縄戦で置き忘れた記憶がありませんかね」

不意をつかれ、ぼくは絶句した。実さんは、同じフレーズを繰り返したうえで、ちょっと怒ったように語気を強めた。

「ぼくたちは、沖縄の悲劇だけでなく朝鮮人のことを語ってきたか。沖縄戦に従軍した朝鮮人軍夫、そして慰安婦。もうひとつの沖縄戦を作品に叩き込まないといけないと思っています」

戦争で苦しい体験をしたはずの実さんだが、その深い洞察に基づいた公平さに驚きを覚えた。同じ沖縄に暮らす身として、実さんのブレのない骨太な生き方はぼくにとっての大いなる指針となっている。

1―14　春先だけの洞窟祈願

沖縄に着任してまだ日が浅い頃、東京在住時からの知人でうるま市在住の野原はつみさんから素敵な誘いのメールを受けた。

「今度の日曜日、古宇利島のカミンチュの先生と洞窟でお祈りをするツアーがあるのですが、一緒に参加しませんか」。さらに文章はこう続く。「今の季節しか入れない洞窟です」。

神様のメッセンジャーである「カミンチュ」（神人）に会えるなんて、滅多にないことだ。しかも季節限定の洞窟に入れるというのもレアものである。そのふたつの誘惑は強く、ぼくは一瞬にして前のめりになった。CMやポスターでよく見かけるスペクタクル感あふれる虹のアーチのような長大な古宇利大橋も渡ってみたかった。

さらにこんな文言が続き、否が応でも興奮がたかまる。「待ち合わせは、古宇利島の竜宮にしましょう」。

むろん、竜宮にも行きたい!! ぼく自身が神話の登場人物になった気すらしてきた。

そんなことで、レンタカーを借りて、のこのこと古宇利島に向かった。よく晴れた理想的な日で、海の上を飛ぶような感覚で大橋をわたった。一周が八キロと小ぶりな古宇利島。ここには、旧約聖書のアダムとイブの物語に似かよった人類発祥の言い伝えが残っていた。大昔、宣教師が島に来て、伝えたものなのか。その起源が気になった。

島に入って程なく竜宮に到達した。この日の儀式に参加するため、日本各地から二〇人もの老若男女が集まっていた。遠くは北海道、埼玉や神奈川、そして大阪、四国から来た人もいる。ちなみに竜宮は、大きな長机が置かれた会議室のような事務所だったが、そのことはあまり気にしないことにした。

日本の原始宗教に近い信仰がいまだに生きている沖縄。そもそも神人組織は、一五世紀から一六世紀にかけての長きにわたり琉球王国を治めた第三代尚真王の時代に確立したといわれている。神と関わることができるのは女性だけの資格とされ、聞得大君《きこえおおきみ》を頂点として、首里に三人の「大あむしられ」、その下に属する形で奄美に「大あんしゃり」、今帰仁に「阿応理屋恵（あおりあえ）」、久米島に「君南風（ちんべー）」、宮古、八重山に「おおあむ」が置かれた。

今でも各島各村に女性のシャーマンがおり、彼女らが宗教的儀式や祭りをつかさどっている。沖縄島および周辺離島では「ノロ」、先島諸島では「司」というが、役割はほぼ同じである。ちなみに語源は、「宣《の》る」で、神の言葉を王様に伝えることから来たようだ。

さらに、ノロ以外に「ユタ」という存在もいる。ノロが公認の司祭者であるのに対し、ユタは民間巫女《みこ》で、個人の問題を解決する存在だ。国家神道が隆盛を誇った戦前、とりわけ戦時中は政府の弾圧の対象だったというが、「信仰の自由」を標榜する戦後のアメリカ世《ゆー》になって復権した。何かと問題が指摘されるアメリカ世なので、ちょっとアイロニカルだ。

古宇利島の神人は渡具地《とぐち》綾子さん、御歳八八歳。彼女は先祖代々古宇利島で祈りの役割を担っているというので、古宇利島のノロということになるのだろうか。ふだんは名護で食堂経営（有名な「名護曲食堂」!!）をしながら民間巫女をしているので、そこではユタということになる。つまり、ノロとユタの二面を兼ね備えていると考えたらいいのだろうか。ともあれ、この日彼女が見せたのは、ユタとしての一面だった。

竜宮で、簡単な説明を受けたあと、ぼくたちは祈りの現場へ向かうことになった。

歩いて一〇分ほどで到着したのは、崖の頂上だった。ここから急斜面を自らの足で降りていかないといけないという。驚いたことに渡具地さんは、サポートスタッフの力をまったく借りずに、おぼつかない足取りではあるが、崖に設えられたロープを伝って道なき道を独力でスルスルと降りていった。高低差はざっと一五メートル。ぼくは、彼女に、ただならぬ力を感じていた。

古宇利島の神人、渡具地綾子さん

ようやっと辿りついたのは、海沿いのゴツゴツとした岩に穿かれた人ひとりがどうにか通れるくらいの小さな穴だった。岩に頭を打たぬようビクビクしながらくぐると、その先が大きな洞穴となっていた。

そこが「スルル洞」だった。

ふだんは海底にあるため近づけないが、三月から五月にかけては潮が引くため入れるのだと知る。沖縄では、海底に波動が充満しているという考え方があり、干潮時だけに現れる洞窟こそが、神の世界への通路だという。スルル洞は、まさに条件ばっちりである!! そこには、黒龍神が暮らしており、海の底の竜宮のエネルギーを与えてくれるという。

スタッフから参加者に渡されたのは、白紙・おきなわ線香・米、そして打紙（うちかび＝あの世のお金）だった。渡具地さんが周囲をお清めし、祈りを始めた。すべてがうちなーぐちだったため、何を言っているのかまったくわからない。あとで野原さんに聞くと、「黒龍神の波動」「方位の波動」「島の福禄寿（万物創造神）からの教え」「陰陽の調和性」を感じてほしいと語ったのだという。

そのあとが参加者個別の祈りである。ひとりずつ前に出て、さきほど受け取ったものすべてをスタッフに渡すと、まずは線香がその場で焚かれる。その後、参加者は渡具地さんの横に行き、氏名・住所・干支を大きな声で述べる。この時に自身の願いを思い浮かべるのが肝要なようだ。先に済ませた野原さんがそーっと教えてくれた。

「家庭の事情等によって、願い事は違いますが、私は健康祈願、家庭和合、商売繁盛を祈りました」

ぼくの番になり、他の人たちが先刻やっていたことを見よう見まねでやってみた。人前で自分の名前や住所を口にするのは気がひけるような思いだったが、徐々に羞恥心や抵抗感などなくなり、すんなりと言葉が出たのは不思議だった。すでにこの場の空気にぼく自身が圧倒され、丸めこまれていたのかもしれない。ぼくが語り終えると渡具地さんは、またまた何事かをうちなーぐちで語るのだった。この時間が神との交信の時間だという。祈りを終えると彼女はちょっと濡れた米粒をぼくの頭にまいて、お祓《はら》いの葉で頭・背中・肩などをポンポンと軽く叩いた。

涙ぐんでいる人、満面に笑みを浮かべている人。祈りを受けた周囲の反応は様々だった。

作家の花村萬月さんは、自身が出会ったユタについて短編「金城米子さん」でこう書いている。

その瞬間だ。私は金城米子の信者になっていた。金城米子に帰依していた。その場にいた全員が、金城米子の信者となっていた。金城米子さんは我々の教祖であった。理屈ではないのだ。論理ではない。こういうふうに情動にはたらきかけて

自身の願いを思い浮かべながら祈りを捧げる参加者

直截に人の心を摑むのが宗教者の本質なのだ。

私は幸福を感じていた。（中略）私は深々と侵蝕されていた。その侵蝕は、信仰と名付けてなんら差し支えないものであった。


渡具地さんは、すべての祈りを終えると、またまたうちなーぐちで何事かを言った。野原さんによると「私たち一人一人が自分の魂に気づく。自我を忘れ無の心で己の魂を結ぶ」「生きているではなく、生かされている感謝の心を深く深く気づく」ことが大事だと語ったという。

なんとも不思議な体験だった。

ぼくは、なんでも信じてしまうタイプではない。でも、はっきりしていること。祈りを受けたあと、心身ともに解き放たれ、快楽に包まれていたのである。

およそ一時間半の洞窟体験。それは、自身の内部へのディープトリップでもあったように思う。

1―15　福岡から車で!?　目指す沖縄

沖縄に暮らすようになり、困ったのが、マイカーの不所持である。鉄軌道が空港から浦添までのゆいレールに限られる土地柄故、バスは発達しているものの、急な取材や思いつきの遠出に対応するためには車は必需アイテムだと思い知ったのだ。

かつての勤務地・福岡に中古の軽自動車を後輩に貸したままにしていることを思い出した。回収すると彼も困るだろうから、いくばくかの額で下取りしてもらい、それを頭金に沖縄で中古車を購入しようと計画した。

連絡すると、意外な展開になった。返却するというのだ。

ありがたいと思いつつ、福岡からどうやって沖縄に運べばいいのか、途方に暮れた。当然のことながら、九州南端の鹿児島までは車で行けるとしても、そこから先に陸路はない。

調べてみると、鹿児島から那覇までフェリーが連日就航していることが判明した。途上、海路に点在する奄美群島の島々に停泊するという。

奄美大島、徳之島、沖永良部島、与論島。

魅惑的な名前の島々は、同時に滅多に行くことができない場所でもある。

そこで。フェリーで車を運ぶと同時に、途中の島々で下船することにした。そう、レッツゴー・クレージー!! である。

GWに前倒しする形で有給休暇をくっつけ、まずは福岡に飛び、馴染みの屋台で気炎をあげ、翌日に車をピックアップ、九州道を走らせたのだが、鹿児島まで一気に行くのは遠いので、熊本・人吉の温泉宿に一泊した。

あくる日、朝食をとりながらテレビを見ていると、飛び込んで来た速報は悩ましい内容だった。桜島が噴火したというのだ。船会社に問い合わせると、「出航の可否は、その時間にならないと判断できない」とのことで、とにもかくにも鹿児島新港を目指すことにした。途中、鹿児島空港に立ち寄り、東京から飛んできた次女をピックアップ、そのまま港に赴いた。目の前の桜島は噴煙をあげていたが、幸いにもAラインフェリー「波之上」は、予定通り出航した。

日没間際に離岸した船は、錦江湾《きんこうわん》をゆったりと進んでいった。やがて右前方の薩摩半島突端に三角錐のような美しいシェイプの山のシルエットが小さく見えてきた。開聞岳《かいもんだけ》だ。かつて取材した陸軍特攻隊員たちが、知覧を飛び立ち開聞岳が見えたら、沖縄に向けて右に大きく舵を切ったと語っていたことを思い出した。

琉球王国時代の船旅でもこの山を目処にしていて、薩摩に向かう人々は、流れの激しい七島灘《しちとうなだ》を越えて開聞岳が見えるとホッと安堵したという。

開聞岳の横を通過すると、いよいよ湾の出口で、鹿児島の街明かりも遠のき、あたりは漆黒に覆われた。

早朝五時に奄美大島に到着。下船したとたん、娘が悲鳴のような声を上げた。「財布がない」。朝っぱらから警察の世話になる珍事となったが、フェリーに置き忘れと判明、一件落着となる。

気をとり直し、知人から紹介されたドローンカメラマン坂元秀行さんに案内を乞い、「ジャックと豆の木」の世界を彷彿させるようなモダマと呼ばれる大きなツルの木が自生する場所や、フナンギョの滝など奄美ならではの大自然を満喫した。

次の予定を決めていなかったが、かねてより行きたかった場所に赴く絶好の機会だと思い至る。ぼくたちが向かったのは、奄美大島南端の港町、古仁屋《こにゃ》港である。

1―16 出発は遂に訪れず

陽光が燦々と大島海峡に降りそそぎ、輝きを増すコバルトブルーの水面に、フェリーは白い波をたてて、ゆっくりと進んでいく。影のようだった島に色がつき、濃厚な常緑に覆われた全容が迫ってくる。古仁屋港からわずか二〇分ほどで到着したのが、およそ二〇〇人がサトウキビ栽培や、漁業などに勤しむ奄美大島の離島だった。

加計呂麻島。

新型コロナ禍に加え、まだ四月ということもあり、下船者の数はまばらだった。港からほど近くの諸鈍《しょどん》集落の海沿いにデイゴの並木があると聞き赴いた。樹齢三〇〇年を越すという巨木群が、ちょうど花をさかせ、華やいでいた。

実は、ぼくにとって、この島への訪問は熱望を超えて渇望に近いものだった。敬愛する小説家・島尾敏雄の青年期の実体験にもとづいた作品『出発は遂に訪れず』の舞台だったのだ。若い命が戦争の駒として扱われた酷い時代が、島尾の青春と重なりあっていた。

島尾が九州大学法文学部に入学したのは、太平洋戦争が始まる前年のことだった。三年半後、「学徒動員」で繰り上げ卒業となり、友人のすすめで海軍予備学生を志願、一般兵科に採用された。

訓練を終えた島尾は、魚雷艇の隊長に選抜される。二本の魚雷をつけた船で、敵が来たら急襲し、魚雷を「ぶっぱなして帰ってくる」という任務だった。しかし物資欠乏の折柄、魚雷艇の生産がストップする。余剰となった島尾ら魚雷艇学生にあらたに言い渡されたのは、生還を許されないミッションだった。

海の特攻。人間魚雷回天、特殊潜航艇、そして震洋《しんよう》という特攻艇のいずれかの乗員になることを迫られたのだ。かくして島尾は、一九四四年一〇月に一八三人の隊員が所属する第一八震洋隊の隊長となり加計呂麻島に着任する。

与えられた震洋は、全長五メートル、横幅一メートルのベニヤ張りのボートに、トラックのエンジンをつけたもので、先端には、二三〇キロの爆薬を積載していた。前述した慶良間に配備されていた特攻船舶「マルレ」と酷似した形状だと気付いたが、どうやら双方はほとんど同じもので、陸海軍での呼称が違うだけのようだ。ちなみに震洋には「太平洋を震撼させる」という意味が込められていた。

このボートで米艦船に捨て身の体当たり攻撃をしかけるのである。むろん、生還は許されない片道切符だ。その体験と苦衷を描いた作品が『出発は遂に訪れず』だった。

県道沿いの駐車場で下車し、案内板をたよりに、鳥たちの囀《さえず》りにいざなわれ、アダンが群生する海沿いの茂みに到達した。島尾らが出航待機した呑之浦は波ひとつなくおだやかで、湖面のようだ。茂みの奥に崖があり、ガジュマルの木々が陰をおとしているが、よく見るといくつもコンクリートで固められた壕があり、それらが震洋の待機基地だった。そのひとつに震洋のレプリカが展示してあったが、その生々しさと周囲の自然の瑞々しさとのコントラストは激しいものがあった。

　島尾が出撃命令を受けたのは、日本の敗戦が直前に迫る一九四五年八月一三日だった。しかし最終的な命令はくだされず、島尾は生と死のはざまに立たされた。

　呑之浦の岸辺の一画に「島尾敏雄文学碑」があり、そこに『出発は遂に訪れず』の断章が刻まれていた。

加計呂麻島、呑之浦の洞窟

　一年半のあいだ死支度をしたあげく、八月一三日の夕方防備隊の司令官から特攻戦発動の信令を受けとり、遂に最期の日が来たことを知らされて、こころにもからだにも死装束をまとったが、発進の合図がいっこうにかからぬまま足ぶみをしていたから、近づいて来た死は、はたとその歩みを止めた。

結局、出撃命令は下ることなく、島尾は加計呂麻島で敗戦を迎えたのだが、その時の実感をこう記している。

せっかく生きられる状態が出現したのに、それを完全に自分の手の中に収めるまでにはなお多くの難関が横たわっていることにがっかりした。

たとえ肉体が生き延びても、戦争は精神に癒しがたい深い傷を刻みこむのだ。自身の生活の破綻を描いた小説『死の棘』で知られる島尾であるが、加計呂麻での体験が、戦後の作家活動の礎石となったという。

論評にも積極的に取り組み、「ヤポネシア論」「琉球弧の視点」などで沖縄の言論人にも深い影響をあたえた島尾の世界。彼が悩みぬき熟慮した「南の島での戦争体験」、そして「琉球弧」の意味と深みを、今の時代と照らし合わせ、とらえなおす必要があると強く思っている。

1―17 南洲が「誕生した」島

奄美大島・一番の繁華街・屋仁川《やんご》通りはコロナ禍のため人気《ひとけ》はなく、ふだんなら島唄の演奏がある店はことごとく臨時休業、ライブを聞くことは叶わなかった。それでもいかした居酒屋で島酒を楽しみ、鶏飯や豚骨の煮込みなどの郷土料理に舌鼓を打った。名前は異なるものの、油ソーメンや塩豚などに沖縄料理との共通性を見出し、あらためて琉球文化のつらなりを実感したのだった。美酒に加え旨い肴に、いつもだったら確実に深酒になるパターンだが、この夜は自制し遅くならぬうちに撤退した。

翌日朝、ホテルをチェックアウトしたのは早朝四時のこと。そんなにも早起きしたのには訳があった。沖縄に向かうフェリーが、五時前に出港するのだ。

そのまま乗っていれば、那覇に到着する。でも、せっかくの機会なので、もう少しだけ寄り道をしたいと思った。停泊地は、徳之島、沖永良部島、与論島。このうち徳之島と与論島にはすでに行ったことがあった。消去法で、未知の島・沖永良部に赴くことにした。

港についてチケットを購入しようとしたところ、係の人はこうひとこと。

「悪天候のため、今日は沖永良部に行かないかもしれません」

近づいたところで実際に沖永良部に停泊するかが決まるのだそうだ。まあとにかく行ってみるしかないだろう。レッツゴー・クレージー!! である。

かなりの雨が降り続き、船は揺れに揺れて怖かったが、午前一一時、予定していた和泊《わどまり》港ではなく、沖永良部島の反対側の伊延《いのべ》港に停泊した。愛車とともに港に降り立って、ホッとしたのもつかの間、襲いかかってきたのは不安感だった。来られるかどうか不明瞭だったため、事前に島に関して何も調べていなかったのだ。

行ったら行ったで、どうにかなるさ、と舐めていたかもしれない。でもそんなに世の中、あまくはなかった。

折悪《あ》しく、ざんざんぶりの豪雨だ。同行している娘の顔も怪訝なものになっている。いったい、どこに行くつもりなの？ 何をしたいの？ と無言の問いを発していた。

港近くにひとつの看板があるのに気づく。「西郷隆盛上陸の地」。気になったが、かかわっているわけにはいかず、スルーした。道に白い花々が咲き乱れているのが気になり、それだけカメラにおさめた。テッポウユリだった。

まずはどこかに落ち着き、プランを立てたいのだが、喫茶店などまったく見あたらない。ようやく和泊港の近くに

沖永良部島に咲くテッポウユリ

一軒だけあいている定食店があった。藁にもすがる思いでのれんをくぐったが、店員は客と話しこんでいて、見知らぬ闖入者《ちんにゅうしゃ》への不審の視線を隠さなかった。

注文とともに、このへんに宿はないですかと聞いたのだが、「知らぬ」とひとこと。

困り果てた。

テレビに映っているのは、昼のワイドショー。「紀州のドンファン」の続報が流れていた。気持ちをもりあげようと「ドンファンネタ」を娘に振るのだが反応はない。沈黙が流れ、レポーターの声がひときわ大きく店内に響いていた。

あることを思い出した。奄美で出会った喫茶店主の森一将さんが「もし困ったことがあったら連絡ください」と携帯番号を教えてくれていたのだ。ショートメールで連絡をとったところ、すぐに「ご安心ください」とのメッセージが。「友人が迎えに行きます」。

一〇分ほどで来店したのが、ケイさんという強力な助っ人だった。神があらわれたような気持ちだった。もともと奄美大島にいたのが、カフェをやるために沖永良部に移住したのだという。ぼくが宿泊先も何もかも決めていないことを告げると、一瞬驚き顔になったが、すぐに爆笑し、知り合いのホテルを手配してくれた。こうして迷える親子は窮地から救い出されたのだった。

宿で一休みしているうちに雨が小降りになっていた。名物は巨大洞窟だと聞いていたが、終了時間が近いため、歴史民俗資料館に赴くことにした。急な訪問にもかかわらず館長さんが対応してくださり、沖永良部は、薩摩や奄美よりも琉球の文化の影響を色濃く受けていることなどを教えてくれた。そしておもむろに渡してくれたのが「南の島々の西郷さん」と書かれた二枚のA４の紙だった。

スルーした西郷隆盛だったが、沖永良部との関係は深いものだった。

藩主・島津久光の怒りを買って重罪人となった西郷が薩摩を追放され、この島に来たのは、江戸時代終盤の一八六二年のこと。まずは吹きさらしの牢獄に入れられるなど苛烈な生活を強いられた。一年半あまりを沖永良部で過ごしたのだが、その間に漢詩を作るようになり、自分の過去と自惚れを反省し「敬天愛人」の思想を悟ったのだという。そして名乗るようになったのは、「南の島」を意味する「南洲」という雅号だった。つまり西郷は、明治維新で活躍する素地をこの島の獄中生活を通じて養ったようなのだ。

豪雨の中でのちょっと塩っぱい「紀州のドンファン」に始まり、西郷どんで締めくくられた沖永良部島。ぼくの中で忘れられない一日となった。テッポウユリの群生の鮮やかさは、いまだにまぶたに焼きついている。

1―18　光あふれるやんばる

その絵画には、光が満ちあふれていた。

濃淡がせめぎあう木々の緑。青い空から湧き出てきたかのようにふりそそぐ滝。滝壺のピンクは母胎を連想させ、風景全体の源泉のように映る。陽の光から誕生した球体は、万物に宿る魂のようだ。この絵を見ていると、ぼくの中に聖なるものが入りこみ、エネルギーが湧きあがるのを感じる。タイトルは「森の精霊が遊ぶ」。本著の表紙を飾るイラストレーター松尾たいこさんのアクリル絵画だ。

まるで夢の世界のようだが、実存する滝をモチーフにしている。大宜味村喜如嘉にある七滝だ。水路が七つの曲線を抱いていることからその名がついた。松尾さんは二〇二一年の初夏、実際に現地に赴きその場の空気感を味わい、印象を何度も反芻しながら仕あげた。

松尾さんは、七滝との出会いをこう教えてくれた。

「誰もいない、少し不安になるような狭い道の先には、開放的で透き通った静かな空気がただよっていました。森の精の伝説が残っている土地だけあって、滝壺のはじける水泡は光を浴びて楽しげで遊んでいるみたいでした」

松尾さんの作品を見て、そして七滝との邂逅の昂ぶりを聞き、もういちど喜如嘉に行きたいと思った。平良啓子さんの話を聞いたあと、豪雨のため地域をまわれなかった心残りもあった。

ぼくがまず向かったのが、地域の中心にある芭蕉布会館だ。沖縄伝統の織物・芭蕉布の里として知られる喜如嘉。会館には女性たちが集まり、様々な工程にわかれて芭蕉布づくりにいそしんでいた。一〇〇歳で人間国宝の平良敏子さんも現役で、ちょうど撚《よ》りかけという作業の最中だった。休みなく手を動かし続けていた敏子さんだが、仕事を終えると、昔ながらの竹箒を使って小さな屑まで残さぬよう自分の持ち場を隅々まで掃除される小さな背中が美しかった。

会館を出て、奥山のほうに向かうとせせらぎが出現する。そこを上流に向かうと緑濃い森林地帯になり、細い道を進んでいくと七滝が降り注いでいた。脇には古くからの御嶽があり、地元の人たちの信仰の場になっていた。

まさに松尾さんの描写そのままの、いつまでも愛でていたい、心洗われる風景だった。

ふたたび「森の精霊が遊ぶ」に話を戻そう。松尾さんは、風景の感動だけでなく、その場で感じた不可視なものへの畏敬を大事にしたという。

「聖なる部分を絵に宿らせるのは簡単ではありません。でも、喜如嘉には確かに何か大切なもの、清らかな空気が流れていました。そしてやさしく見守ってくれているような感覚がありました。それを素直に表現しようとしたのがこの作品です」

「森の精霊が遊ぶ」のモチーフ喜如嘉の七滝

今だからこそ、自作に込めているメッセージがあると松尾さんは言う。

「コロナ禍のなかで人間関係が希薄となるなか、見えないけどつながっている感覚を大事にしたい。深緑と、清らかな水、そして太陽の光がすべてハーモニーを醸し出していたのが七滝でした。この絵を観る人たちが自分はひとりではないんだなと感じてくれたらいいなと願っています」

有形無形な森羅万象のつながりを大事にする沖縄を綴るにあたり、この絵ほどモチーフにぴったりな作品はないとぼくは深く思っている。

2

壺屋ライフ

2―1　先住民

お前は、誰だ。

見慣れない男だな。

「やつ」は、二メートルほど離れた場所から三白眼《さんぱくがん》でぼくを睨めつけた。

やがてぼくの値が定まったのか、「やつ」はあくびをしながらゆっくりと立ち去っていった。

陶芸＝焼き物＝やちむんの街・壺屋に住み始めて、すぐに気づいたことがある。周囲は猫だらけなのだ。やちむん通りを歩くと、一〇メートルに一回くらいの頻度《ひんど》で遭遇する。まったく逃げずにじゃれつくのもいるし、「やつ」みたいに、まるで素浪人のように気合の入った猫もいる。すぐ隣のやちむん店の小橋川さんが、こう言っていたのが印象的だった。

「壺屋では、地域猫を大切にしています。ですので、あなたも猫に餌をやるなり可愛がってあげてくださいね。なんだったら、気に入った猫、飼ってもいいです」

地域猫、という言葉は、初耳だった。

ぼくは、そもそも犬派である。那覇に移住した際には、犬を飼うことも検討していたくらいだ。だから、猫に対しては一定の距離があるというか、どちらかというと敬遠していた。飼うなど論外である。

しかし、飼うも何もすでに住んでいた!!

隣の小橋川のやちむん屋さんと我が家のあいだに巨大な球状のタンクが鎮座する六畳ほどのコンクリートで固められた中庭があるのだが、そこにはすでに三匹の猫たちが先住していたのだ。彼らからすると、ぼくは闖入者以外の何者でもなかった。

その一匹が「やつ」だった。白毛にまだらで黒が混じる「やつ」は、とりわけ目つきが悪い。いつもじっと窓の内側のぼくを観察している。なんだか見張られている気持ちにだんだんとなってくる。警戒心は強く、窓をあけると、前記のように立ち去るのが常だ。

そして白毛の雌猫「リュウ」。こちらも目つきは極めて悪い。そして愛想もない。ぼくを見ても興味がないのか、チラ見して終わり。庭にある巨大な丸タンクの横に陣取り、日向ぼっこをしている。「リュウ」はかなりの武闘派で、近隣の猫たちとファイトをするのが習いだった。そのためか、白一色に包まれたからだのあちこちの毛が抜け落ちてピンクの地肌がむき出しになり、そこから流血をしている（もっともファイトに加えて皮膚病持ちであることも脱毛に拍車をかけていた）。ともあれ、真夜中や早朝に凄まじい絶叫をあげて繰り広げられる諍《いさか》いのために、ぼくは睡眠をしばしば奪われた。

でも、コワモテばかりではなかった。一転してキュートなのが「コトラ」である。小さいトラのようだとの小橋川さんの言葉通り、「コトラ」はキジトラ柄の綺麗な毛並みの猫で目が愛くるしい。中庭の窓をあけると、時にぼくのところまで近寄ってくることもあった。ちなみに、壺屋界隈では、地域猫が時々飼い猫になることがある。「コトラ」も、飼い猫に昇格したようで、最近は首輪をつけている。ただ、放し飼いであることは同じで、生態パターンは変わらないのだが。

「コトラ」効果か、いつのまにか、ぼくは猫たちが気になるようになっていた。

決定打は、近所にある聖地巡拝である。

壺屋には、拝所《うがんじゅ》と呼ばれる祈りの場がいくつかある。ぼくは、そのひとつ「ビンジュルグヮー」という巨大ガジュマルの聖地に、時折、祈り＝御願《うがん》に行っているのだが、そこで出会いがあった。

ある時のこと、茶色と黒毛が混じる一匹が、ぼくに近寄ってきたのだ。彼は、「にゃー」と発し、ぼくの足元をぐるぐると回転、撫でると体をよじらせ、腹をこちらに向けてきた。ぼくは自分が認められた気持ちになり、素直に嬉しかった。大げさに言うと、沖縄にも受け入れられた気になった。

ぼくは彼を「チョコ」と名づけた。

「チョコ」は、ぼくが御願に行くと、センサーがあるのか、どこからか必ずやってきて、まわりをぐるぐると回る。ぼくはそれがたまらなくなり、御願を日課とするようになった。かなり精神的に厳しい時も、ビンジュルグヮーに行くと必ずチョコはやってきた。そしてぼくを癒してくれた。

半年もたつと、さらに仲間が加わった。「しま」と「レッサー」、そして「やせ」の三匹があらわれたのだ。御願に行くたびに、都合四匹がどこからかぼくのもとにやってきて、ぐるぐると回る!!そしてゴロンと寝て「撫でてくれ」とせがむ。なんだかぼくが猫たちの親になった気分である。壺屋にも飼い犬がいて、近隣の人たちが散歩などさせているのだが、まるで興味がなくなっていた。

ハッとした。ぼくは、いつの間にか猫派になっていたのだ。そんなぼくの変化に、先住民の三匹も敏感に反応した。とくに「リュウ」。あれだけぼくを「ガン無視」だった彼女は、「リュウ」と声を掛けると、嗄《かが》れた声で「にゃー」と反応するようになったのである!! 時には、ぼくに近寄ってきて指を舐めるまでになった。今では、遠くからでもぼくを認めると「にゃー」と鳴く。私はここにいるわよ、と知らせるかのように。

数年前に放送された『ブラタモリ』(「那覇~那覇は2つある?」二〇一六年)の中で、タモリさんが壺屋を歩き、猫が多いのに気づき、こう宣っていた。

「いい街だなあ」

御意。

その言葉の通りだと思う。

2—2　え、復興の街？

ここであらためて、壺屋を紹介したい。

自宅前にのびるやちむん通りには、小さなシーサーやかわいらしいキャラクターなどを主体とした観光客向けの店から、デザイン性を重視した若者ターゲットのおしゃれな店、そして地元の人たちが通う日常食器店まで幅広い趣向の店舗がならぶ。休日は客が多く、かなりのにぎわいだ。朝、ぼさぼさ頭のままで玄関をあけると、すぐ横の自動販売機でジュースを買おうとしている人々に驚かれたことは一、二度ではすまない。平日も早くからそれなりに客は逍遥していて、ゴミ捨てにも行きづらかったりする。ある時は、ゴミ出しが間に合わず、ゴミ袋を持ってやちむん通りをダッシュし、収集車に追いついたのだが、周囲の観光客に大笑いされ恥ずかしかった。

周囲には、もとの農連市場がひとつのビルに集約された農連プラザや、仮設営業での牧志公設市場、そして地元の食材を各種取り揃えた太平通りなど、庶民的な商店が集まっていて、生活環境としても抜群である。こういった小さな店が寄り集まった街を「まちぐゎー」と言うのだが、そのまちぐゎーに買い出しに行き、地元の人たちにまじって市場の一角で朝食や昼飯をとることも日常となった。夜は夜で、歓楽街・桜坂はものの三分ほどの指呼の間である。肝臓に悪いこと極まりない。

同時に壺屋は、あたりの喧騒と共鳴しながら、緑も多く、一歩路地に入ると静寂すらただよっている。ガジュマルの巨木が屹立し、曲線を描く路地には、ツタやイタビの蔓《つる》に覆われた琉球石灰岩の石積みが続く。初夏の夕暮れには、なんと蛍も舞うのだ。

やちむん通りと国道三三〇号が交差するところに拝所アガリヌカー（東の井戸）があるのだが、そこにある看板にこの街の成立が書かれている。そもそも壺屋は、三四〇年余り前に、琉球王国が計画した窯業振興に基づき、現沖縄市の知花、現那覇市湧田、宝口にあった窯場を統合する形で誕生した。以来、沖縄を代表する陶器の街として発展を遂げてきたのだ。

現在一四の窯元が旺盛に製作を続けている。よくよく見て回ると、我が家の周囲には、登窯の遺構が三つもあり、往時の面影を味わうことができる。

この街に引っ越してきて、周囲の観察もまだままならぬ頃のことだ。沖縄を愛してやまない俳優の洞口依子さんが、知人を紹介してくれることになった。ぼくの家の前まで迎えに来た洞口さんだったが、アガリヌカーに屹立する巨大なガジュマルを指差しながら、「壺屋は戦後復興が始まった街だから」と気になることを言った。思わず「壺屋と戦後復興って関係あるんですか？」と聞き返すと、ぼくら世代を魅了したコケティッシュなアイドルは口を尖らせ、仰天した声を出し、「え、嘘でしょ？

那覇の戦後が壺屋から始まったことを知らないの？」。あまりの無知ぶりにあきれたという様子だ。「あなた、壺屋住民だよねぇ」。そこまで軽蔑しなくても、と傷ついたが、自分自身、常識初級編を備えていないような気がして、話題をそらし誤魔化した。

それからほどなく、ぼくはやちむん通りの真ん中あたりに、ちっぽけな石板を見つけた。

壺屋区役所跡。

そこには、こう書かれている。

沖縄戦の後、最初に設置された那覇市の行政庁舎跡。

つまり、我が壺屋に役所があったというのだ。そして洞口さんの投げかけた「復興」の二文字もそこに書かれていた。

壺屋に陶器・瓦製造のため陶工を中心とした復興先遣隊103名が初めて入り、那覇の復興が始まった。

気になる「復興先遣隊103名」。しかし看板にはそれ以上のことは書かれていなかった。

劇作家の謝名元さんに壺屋の歴史に詳しい人を知らないかと尋ねると、ひとりの陶芸家を紹介してくれた。敗戦直後から壺屋に暮らしてきた大城宏捷《ひろとし》さんである。現在は首里近くの繁多川で活動している大城さんの窯を訪ね、壺屋の戦中戦後史を聞くことにした。

2―3 免れた空襲

工房には、大きな甕がいくつも並べてあった。

「そこには、古酒《くーす》が入ってますよ」

大城宏捷さんは、とりわけ古びた甕の一群を指してそう言った。

パブロフの犬のように、生唾がわく。古いのは六〇年ものというから凄まじいビンテージ物だ。酒造所に甕の発注を受け、その御礼に良い古酒が送られたのだという。

「飲みますか?」

思わず「はい」と言いかけたが、自分のミッションを思い出し、「ぜひ、こんどお願いします」と生唾を味気なく飲みこんだ。

大城さんは、高校で教鞭をとりながら、主に大型の甕を焼いてきたという。八四歳だがバリバリの現役である。柔らかい笑みを浮かべながら、自身の空襲体験から語り始めた。

「ぼくが生まれたのは、久茂地です。国民学校二年生の頃に、十・十空襲にあいましてね。空からパラパラパラと砲弾が降り注いできた。家族とともに防空壕に逃げることができましたが、何名もの級友が犠牲になりましたね」

十・十空襲とは一九四四年一〇月一〇日の大空襲のことだ。旧那覇市内の九割が焼け野原と化し、那覇市だけでも二五五人の命が奪われた。那覇港近くにあった市役所は焼け落ちて機能を失った。

この頃、壺屋では、軍用食器、蓄電用のバッテリーケース、はては陶製の手榴弾や地雷までも手掛け、軍関連の品々の製造に特化していた。十・十空襲で、壺屋は奇跡的に空襲を免れ、大部分が焼失しなかった。しかし、沖縄戦の激化で、壺屋住民も移転を強いられた。

そして戦の敗北。

生きのびた人々は、石川、宜野座《ぎのざ》、名護市の田井等《たいら》などの収容所に入れられた。日用雑器は不足し、ブリキ缶やコーラ瓶を利用して、食器がわりにしたという。そのような状況を見て、アメリカの統治軍は、食器作りの必要性を痛感していた。

その時立ちあがったのは、城間康昌《しろまこうしょう》という陶工だった。

城間は、こう統治軍に掛けあったという。

「収容所では、六カ月か一年はかかるかもしれない。焼け残った壺屋なら、一カ月ぐらいで立派なものを作ってみせます」

城間の提案は受理された。

大城さんはこう語る。

「一九四五年一一月、収容所の中から焼き物をやる人と関係者が壺屋に帰されることになったんです。私の父もそのひとりでした」

この頃、那覇の旧市街のほとんど全域がオフリミッツ、つまり立ち入り制限区域だったが、壺屋は解除になった。

城間を隊長とする先遣隊は、焼け残った家屋に分宿し、手始めに雑草刈りと窯の修理に取り組んだ。そして、碗《マカイ》や皿、湯飲み茶わんなどの日用雑器の製作にあたった。小橋川仁王《こばしかわにおう》や金城次郎など、のちに名をなす名工たちも含まれていた。そして城間の言葉通り、わずか一カ月後に最初の品物が完成したのだった。

大城さんも父を頼って翌年に移り住んだが、その頃には壺屋の人口はおよそ一〇〇〇人に膨れあがっていたという。住民増加にともない、四六年一月に民家を庁舎にして壺屋区役所がスタートし、三カ月後には那覇市役所となった。

やがて、壺屋の近くには歓楽街の桜坂ができ、公設の市場も作られていく。壺屋を基点に、焼け野原・那覇は人々の活気にあふれる場所へと変じていったのだ。ちなみに、市役所はその後、牧志などに移転、一九六五年から現在の泉崎に落ち着いた。

少しずつ像を結んでいく我が町。壺屋は、確かに「復興の街」だった。遅ればせながら、洞口さんの語った真意が腹落ちしていた。偶然選んだのだが、躍動感ある歴史に彩られた街とわかり、心躍る気持ちになった。

2―4　壺屋の拝み

壺屋の町内会の掲示板に一枚の紙が貼られていた。

「ヒーマーチの拝みをします　集合場所　壺屋公民館」

いったい何なんだろうか。隣のやちむん店の小橋川さんに聞いてみた。

「壺屋では、三カ月にいっぺんくらい、神様にお祈りをする儀式があるんですよ。今回は、『ヒーマーチ』ですね」

ヒーマーチの拝みとは、防火、防災、そして地域の発展を願う行事と知る。住民なら誰でも参加できるという。

これは行くしかない。

やる気満々のぼくを見て、小橋川さんは、口に手を当てて笑っている。

「でも実際の参加者は、高齢の女性ばかりだから、驚きますよ」

公民館に行ってみると、何かをよりわけている女性がいて、ぼくを見て一瞬怪訝《けげん》そうな顔をしたが、来意を伝えると笑みを浮かべ「どうぞどうぞ、ご参加ください」と語り「熱中症対策に気をつけてくださいね」と続けた。どうしてですか、と聞くと、「三時間くらいかかりますから」。えっ、どこか遠出をするのですか？「いえいえ、壺屋を巡るだけで時間かかるんです」。聞くと、いつもは五時間くらい祈りに費やすのだという。「今はコロナだから手短にやります」。

それにしても三時間は長い。ぼくの頭の中に、琉球の正装に身を包んだ神聖なる女性たちがじっくりと時が止まったように神々に祈りを捧げる姿が浮かんでは消えた。

女性は「午後一時に『アガリヌカー』集合なので、そちらに来てください」と結んだ。

アガリヌカーは、前述したが、やちむん通りがひめゆり通りに交わる交差点にある拝所で、「東の井戸」と書く。その名の通り、巨大なガジュマルの下には井戸があり、厳かな雰囲気を漂わせている。通りを挟んだ向こうには大手ファストフード店があるなど、賑やかな場所だけに、ひときわ異彩を放っている。

さて、時間通りに行ってみたものの、誰もいない。不安になりかけた頃、みなさんが三々五々集まってきた。どうやらウチナータイムだったというわけだ。ぼくを含め総勢六名。女性ばかりでいずれも高齢者である。やちむん店のトミ子さん、あけみさんなどがレギュラーメンバーのようだ。公民館にいた女性は城間さんとわかったが、彼女が、酒と米の入ったビンシー、饅頭、みかん、線香を祭壇に供える。中心になって拝みをするのは、与那嶺さんという高齢の女性である。母の代から、壺屋の祈りをつかさどっているという。

拝みの時に、各人何をとなえるべきなのかを城間さんに教えてもらった。

「声に出さないでいいので、自分が住んでいる場所の住所、自身の生年月日、そして感謝の気持ちをとなえるといいですよ」

願い事はNGではないが、基本、感謝の意を表すもののようだ。

アガリヌカーでの拝みが終わると、みなさん、やちむん通りを下るように国際通り方向にゆったりと歩いていく。店々からは、店番で離れられない人たちが通りに出てきて労《ねぎら》いの言葉をかけてくる。高齢のご婦人の団体に、五十半ばを過ぎた男がひとりまじり、傍目からは不思議な集団に見えたことだろう。

この時壺屋には、九つもの聖地があることを知った。五カ所の井戸（アガリヌカー、ミーガーヌカー、ウフガー、下ヌカー、番所ヌカー）とニシヌメー、フェーヌカマ、井戸の神様、そしてビンジュルグヮーである。アガリヌカーとビンジュルグヮーは目立つので知っていたが、それ以外にもこんなところに、と思うようなところ、たとえば駐車場の一画や一般民家の敷地内!! などにもあった。基本、水が出る場所が聖地のようだ。

それらをひとつずつ訪ねるのだが、杖をついた方や車椅子の方がいらっしゃるため、移動にかなりの時間を費やした。「三時間」の意味がだんだんとわかってきた。途中でお茶休憩なども挟まれ、のどかで楽しい。おっか

壺屋のうがん

なびっくりで参加したが、だんだんと場に馴染んでいた（気がする）。

壺屋ではこの日の他に、年間で「御願解ち《ウガンブトゥチ》」「初御願《ハツウガン》」「三月拝み」「供養の拝み」「菊酒」「なは大綱安全祈願」と計七回の祈りの日が設定されている。

およそ二時間ほどで拝みは終了。みんなで公民館にもどり、「ゆんたくタイム」となった。飲み物、そして沖縄風の衣の厚いてんぷらー（天麩羅）までが出てきた。近所にある店で買ったもので、いつも集まりごとの時には欠かせないものなのだという。あとはみんなでよもやま話。とってもアットホームで楽しかった。

壺屋が古くからの伝統を大切にしていることを噛みしめる一日になった。

2—5　水なき「水上店舗」

まだ東京に拠点を置いていた一〇年ほど前のことだが、那覇へロケに来た折に、水上店舗という案内標識を見つけた。

いったい何なんだろう。

周囲を見渡してもレトロな細長いビルがあるだけで、海も湖も池も川もない。ビルの端にある薄暗い階段を恐る恐るのぼってみたが、骨董を売るその場所そのものが骨董のような店におののき、すぐに退出した。その後、撮影に忙殺されたこともあり、そのまま疑問を封印した。

沖縄に住み始めて半年あまりたった頃、水上店舗の謎は氷解する。音楽家で映画監督の半野喜弘《はんのよしひろ》さんからの連絡が入り口だった。

「沖縄で映画のロケハンをするので、現場に遊びに来ませんか」

指定されたのは、市場中央通りと浮島通りが交差するところにある雑居ビルの屋上だ。ぼくの家から歩いてわずか四、五分のところである。

ところどころコンクリートに亀裂のある年季の入った階段をのぼり、屋上に出たのだが、まずは形状に驚かされた。幅は六メートルほどなのだが、国際通りの方向にゆるいカーブを描きながら延々と続いていたのだ。その長さは約一六〇メートルにおよぶという。以前と違う入り口からのぼったため気づくのが遅れたが、この細長い建物こそ記憶の奥底にしまわれたままの水上店舗だった。

ロケハンを終えて、階下にあるビール工房に立ち寄った。清潔感あふれる落ち着いたたたずまいだが、店舗の壁は、建物のレトロ感を活かすべく、あえて海外から古いレンガを取り寄せたという。オーナーの計らいで、映画スタッフはその場を借りてビールを飲みながらの「ゆんたくタイム」となる。雑談のさなか、我が家は壺屋のやちむん通りの中程にあると言うと、オーナーはびっくりすることを言った。

「そこ、二階があって、階段に木彫の手すりがあるでしょう。まるでギリシャ彫刻のような」

なんで、そんなことを知っているのか？　ぼくは驚愕の目で彼を見つめた。この人は、ひょっとして人の心を読み取れるエスパーか。やはり沖縄にはこんな凄い霊能者がいるのだ。

ぼくの惚けたような顔を見ながら、オーナーは笑いながら続けた。

「いや、以前ぼく、部屋探しをしていて、その部屋、内覧したことがあるんです。それだけのことですよ」

ガクッと脱力。そしてちょっとホッとした。エスパーではなかったのだ。

彼こそが、由利充翠《みつあき》さんだった。すらっとした痩躯《そうく》の現代的なイケメンだが、気取りなどまったくなく、人懐っこい笑顔が印象的である。愛知県の出身だが、関西地方での放浪生活を経て、大学生の頃から沖縄に暮らし始めてかれこれ二〇年になるという。ビール工房を開いてからは三年経つそうだ。ぼくと同じく壺屋住民と知り、すっかり意気投合した。

由利さんは、名刺を二枚くれたのだが、その一枚には、こんな肩書きが印字されていた。「ガーブ川中央商店街組合組合長」。川と商店街のミスマッチが気になった。

「この建物の組合長をしてます。色んな店舗が集まっているこの建物の下には見えないけどガーブ川と呼ばれる川が流れているんです」

ズバリ、水の上にある店舗だから水上店舗だったのだ。

敗戦直後、あたり一面はただの湿地帯だった。その真ん中を流れていたのがガーブ川である。やがて収容所や疎開先から戻ってきた人たちが川沿いに小屋を建て商売を始める。ほどなく、闇市が形成され、あたりはスラム街のような状態になったという。

その頃の写真を見せてもらった。幅二メートルほどの川を挟み込むようにバラックが密集し、いかにも脆弱な様子がうかがえる。

強敵は天災だった。一九五〇年代、度重なる台風で幾度となく引き起こされる氾濫に、治水対策としてあるアイディアが出された。

ガーブ川を暗渠《あんきょ》にして、上にしっかりとした店舗を建てよう。

由利充翠さん

那覇市役所職員が米国民政府に掛けあい、現在の国際通りのむつみ橋交差点から農連プラザの手前までのガーブ川をコンクリートで覆い、その上に二〜三層の四連の鉄筋コンクリートビルを建立した。前述したように、由利さんの店のある建物だけでも一六〇メートルあるのだが、四つにわかれた建物をすべて足すと、総延長は実に五〇〇メートルにも及ぶという。航空写真を見ると、巨大な龍が街中でうねっているようだ。

由利さんは、熱した口調でこう語る。

「今はだいぶ古くなっていて修繕も必要ですが、この曲線を描く建物をお客さんに説明するとみんなとても面白がってくれますよ。こんな建築ありえない！と」

もっと水上店舗のことを知りたくなった。由利さんに頼み、周辺を案内してもらうことになった。

2―6　わったーユタなんだけど

まちぐゎーを歩き始めるとすぐに、地元の人たちが親しげに「由利くん」「由利ちゃん」「ユリ!!」などと呼びかけてくる。彼は、地域の人気者だったのだ。

水上店舗は、こう言っては失礼だが、全体的に古びていて、以前の訪問時同様、二階以上に踏み込むのは勇気がいる。由利さんはそんな心中を見抜いたようにニヤリと笑いながら「では、探検に行ってみましょうか」。やはり、この人はエスパーか？

ちょうど牧志公設市場の正面に向かい合うように階上への入り口があった。頻繁に前を通るのだが、あらためてしげしげと見ると、コンクリートの壁にはいずれもペンキで

現在の水上店舗

薄くなっているのだが、ペプシコーラの宣伝や「突場」「四階」などの文字があり、かつて四階にビリアード場があったことを伝える。他にも読めない文字も塗り重ねられ、六十数年の年輪を刻んでいた。

由利さんに先導されるように二階に行くと、そこにずらっと並んでいたのは、製作中の三線だった。屋号は「仲尾次《なかおし》三味線　なんでも屋」。

ご主人の仲尾次さんがひとりで三線づくりをしていた。この場所で始めてから三〇年ほどになるという。店舗は縦に長く、二五メートルほどだった。

「以前は、もっと大きくて七〇メートルくらいですごかったよ。職人も一〇人はいたけど、コロナでひとりになってしまいました」

仲尾次さんの店を出て、水上店舗を左手に見ながら市場中央通りを歩いた。由利さんのビール工房の真下に雑誌だけを売っている書店があるのに気づいた。店主の稲嶺さんに話しかけると、この場所で四七年間続けているという。

由利さんの店のある建物だけで、七〇店舗もあり、中には由利さんも知らない店もあるようだ。

仲尾次さんの三線工房

看板も何もない暖簾だけがかかった店が気になり、ちょこっとのぞいたら、八〇過ぎと思われるふくよかな女性が出てきた。挨拶をすると、「那覇の人なの、おばさんはね」と言うと、続けて「わったーは（私は）ユタなんだけど」。雑然とした店だが、どうやら占いの店のようだ。ここで二〇年ほどになるという。

「わったーの言うことは一〇〇パーセントあたる」とちょっと自慢げに語ると、一回下を向き「いや、九九パーセントあたる」と言い直し、お願いしていないのだが、ぼくの診断を始めた。当初は「あんたは大丈夫だ、九九％上等だ」みたいなことを宣い、こちらを安心させていたのだが、途中で「あんた、心臓がドキドキするだろう」と心臓がドキドキするようなことを語り、「あんたは心臓発作に掛けられている」と宣告してきたのには仰天した。

なんで頼みもしないのに、そこまで占ってしまうのか。しかも、かかっているとか、かかるよ、ならわかるが、「掛けられている」とは？　誰かがぼくに心臓発作の呪いを掛けたのか？　動揺を紛らせるため、まちぐゎーで夕方から酒を飲むしかなかった。すると悪いことにアルコールのせいでほんとうに心臓がドキドキしてきた‼　普段経験したことのない立ちくらみもした。

ちなみに翌日が健康診断だったのだが、担当医の診察は「あなたの数値は健康そのもの。異常ありませんよ」。実はこんなことがありしかじか云々、と昨日の一件を話すと、「ま、医者とユタのどちらをあなたが信じるか、ですね」と一笑にふされたのだった。

遅ればせながらおばちゃんが、わざわざ下を向いて自らのデータを訂正した理由がわかった。

一〇〇分の一の誤診はあるのだ。こうして、ぼくは一パーセントのご相伴にあずかったのである。

2―7　仙人？登場

その愛されキャラゆえか、由利さんは、豊かな人脈を誇っていた。ある時、ぼくが沖縄の歴史を学んでいることを伝え、「いろいろと助言を賜ることができる先達を紹介してくれませんか」と続けると、由利さんはひとりの歴史家の名を挙げた。

「古塚達朗さんだったら紹介できますけど、どうでしょう」

ぼくは間髪入れずに即答した。「ぜひよろしくお願いします」。

古塚さんこそ、前述したブラタモリ「那覇は2つある？」の案内人で、巡り会いたいと思っていた人だったのだ。

「ハイサイ!!」

番組の冒頭部、国際通りで繰り広げられていたタモリさんと桑子アナウンサーの掛け合いの途上、半ば割り込むようなうちなーぐちが聞こえると同時に、個性的な風貌があらわれた。

三〇センチには達しているだろうか、ふくよかな白い顎髭《あごひげ》をたくわえたその相貌は、まるで絵画で見た琉球王国の偉人か仙人のようだ。そして巨体である。当時、那覇市歴史博物館長だった古塚さんである。

番組は、那覇の成りたちを解き明かしていくのが主眼だったが、タモリさんに「Good Job!」「ナイスです」などなど絶妙な相槌を打ち、当意即妙なトークを繰り広げる古塚さんの幅広い知識とタレント性に惹かれた。


由利さんのビール工房で初対面となった。

「ハイサイ!! チューウガナビラ」

明るい声はそのままだが、あれだけの巨体がほっそりしていたのにびっくり。ダイエットに成功し、実に三〇キロ減量したのだという。シンボルマークの顎髭はかれこれ十数年間のばしているのだそうだ。見た目のインパクトと反対に、低姿勢で物腰がやわらかである。沖縄の歴史が三度の飯より好きというだけあって、話がとまらない。沖縄の昔話、木精（キジムナー）の話、琉歌の世界、そしてあの世のことまで話は縦横無尽。まさに博覧強記である。

打ち合わせを終えて、居酒屋に席を移動すると……よく飲む!!「飲みっぷりが良い」などという

古塚達朗さん（右）と筆者

表現を超えてしまっていてザルのようだ。すべてが規格外だった。

またとないマエストロとの出会い。ぼくは強力な先達の灯す火を頼りに、琉球沖縄の歴史を辿っていくこととなった。

2―8　居酒屋「考」

由利さんは、出会った翌日には、仕事帰りに寓居《ぐうきょ》に足を運んでくれ、一献を交わす展開となった。そんな由利さんが招き猫になったのか、以来、我が家には次々と多種多様な人たちが来てくれるようになった。

そのひとりがジュンク堂書店店長（当時）の森本浩平さん。「キーパーソンだから、つながったらいいですよ」と同僚から紹介され、アポイントを取ったのだが、なんとも不思議な出会いとなった。書店にうかがったのだが、森本さんは、ひとこと挨拶をかわすと、何処かに行ってしまったのだ。

所在なくオフィスの隅にぽつねんと座っていたのだが、いつのまにか警察官が出入りして、尋常ならざる雰囲気になっていた。これはたいへんだと思いその場を辞去しようとしたところ、森本さんが戻ってきて「ちょっとだけ待っててくださいね」とひとこと。ここに及んでようやく事態を察したが、捕物帖の直後だったのだ。しかも店長の森本さん自ら万引き犯を発見し、ゆいレールの美栄橋駅まで追いかけてつかまえたのだという。

警察官が万引き犯とともに去っていくと「たいへん失礼しました」と言い、「ほんとうに参りますよね」と何事もなかったかのように屈託なく破顔一笑した。その場で沖縄の書店事情や森本さんの取り組みを聞かせてもらったのだが、虚飾ない人柄に惹かれた。冗談半分で飲みに誘ったら「いいですねえ」と言い、その日、我が家に来てくれた。その屈託なさは、酒を飲んでも変わらずに、楽しい一夜となった。

沖縄を洞察するまなざしは真っ直ぐで奥深く、沖縄ゆかりの作家たちのアンソロジー『沖縄。人、海、多面体のストーリー』を編み、大反響を呼んだ。ぼく自身、その本から大いに学ばせていただいている。

森本さんが並外れていたのは、由利さん同様にその人脈だった。『沖縄アンダーグランド　売春街を生きた者たち』で知られるノンフィクションライターの藤井誠二さん、『沖縄を変えた男　栽弘義　高校野球に捧げた生涯』の松永多佳倫さん、写真家の岡本尚文さん、建築家の普久原朝充さん、お笑いタレントの首里のすけさん、もと灘高英語教師で絵本作家の木村達哉さんらを我が家に導いてくれた。

映画監督の當間早志《とうまはやし》さん、タレントのしんちゃんこと津波信一《つは》さん、そして同業者も来てくれるようになり、沖縄テレビの山里孫存《まごあり》さん、平良いずみさんたちもいつの間にやら常連となる。牧志の公設市場の組合長の粟国智光さん、日本画家の喜屋武《きゃん》知恵さん、映像作家の山城知佳子さん!!

も。むろん洞口依子さんも、素敵な沖縄のお友達を何人も連れてきてくださった。こうして壺屋某所は沖縄を題材に、毎日のように盛りあがっている。ちなみに前掲の古塚さんとのツーショットも拙宅での一献時の一葉である。

実は、大宜味喜如嘉の七滝をモチーフにした表紙画『森の精霊が遊ぶ』が誕生したのも、寓居での会話がきっかけだった。イラストレーターの松尾たいこさんが那覇に来訪した際、我が家で歓迎会をした。その時、松尾さんが、沖縄出身のテレビキャスター宮城杏里さんにこんな質問を投げかけた。

「やんばるに行くのだけど、おすすめの場所を教えてください」

宮城さんは、大宜味村の陶芸工房を紹介したのだが、そこに実際に赴いた松尾さんは、工房の陶芸家に「七滝が気持ちいいですよ」と言われ、現場に足を運んだという流れだった。

松尾さんは、こう語る。

「ふと口にしたことで不思議な縁がつながって、この絵が出来あがりました。壺屋での出会いと会話がなければ存在しなかった絵なんだなと、眺めるたびに思います」

居酒屋「考」のお客さん（左は筆者）

コロナの時期も重なり、むろん密を避けながらではあるが、寓居はまるで梁山泊《りょうざんぱく》のようになっていた。そして周囲からこんな風に言われるようになった。「居酒屋『考』」。

おや。ドアがノックされた。さてさて今宵のお客は誰だろう。ドアを開けると……誰もいない。どうやら空耳だったようだ。

2―9　桜坂で出会った我が絶対的アイドル

壺屋に隣接する愛すべき飲食店街が桜坂である。ぼくが最初に迷い込んだのは、九州沖縄サミットの開催時だから、かれこれ二〇年以上前になる。新宿のゴールデン街のように個性的なスナックやバーが所狭しとひしめき合っていたのだが、そこに那覇の熱気と湿気が加味され非日常感を醸し出していた。その魅力に引き込まれたぼくは、日中の取材の疲れを癒しに通い詰めた。ゲイカルチャーの先駆的なエリアで、レインボーフラッグを掲げた店も多かった。馴染みになったのがスナック「真子」だった。気っ風のいいママで、いくら飲んでも食べても毎日一五〇〇円!! という驚きの価格だった。

夢みたいなところだなあ。

桜坂は愛称で、正式な住所は、牧志三丁目。戦前、あたりは製糸工場や墓地や原っぱで居住者は少なかったという。戦後、「珊瑚座」という劇場ができ、周囲にやんばるから桜木を百本移植した。そして座のまわりに飲食店が次々とできて街が形成されたのだった。ちなみに珊瑚座は、半年ほどは連日大入りだったというが、映画の台頭により映画館に生まれ変わったという。

偶然にもぼくが桜坂に入り浸っていた頃、由利さんも桜坂に通っていたようだ。それどころか、大学の卒業論文のテーマも桜坂というからびっくりだ。

「街全体が持ちつ持たれつの関係で、いつもニコニコ現金払い。たとえば、おでん屋『悦っちゃん』で飲んでたらママさんが『餃子食べる？』って聞いてきて、どこかに電話したと思ったら数分後に餃子が届きました。さらに、酒がなくなったのでボトルをお願いしたらまた電話。今度は酒屋が四合瓶を持ってきた。つまり、おでんとキープボトル以外はお店には置いてなかったんですよ。このシステムすごい素敵だなぁって。卒論はこんな酒場を二〇〇件ほど回ってまとめました」。

サミット期間中、連夜、蠱惑《こわく》の世界にどっぷりと浸かった。しかし、那覇を去る前夜、「真子」のママは気になることを宣った。

「このあたりに、大きな道路ができることになったんよ。で、この店も立ち退きになるの」

慢性的な渋滞が問題化していた国際通り。その緩和を理由に、あらたな市道がつくられることになったのだ。ママの深いため息が悩ましく響いた。

壺屋に住むようになり、この二〇年の変容の現実を突きつけられた。立派な道路が走り、「ションベン横丁」だった場所は巨大リゾートホテルになり、「真子」も消え去っていた。かつて飲食店が並んでいた場所の一部は更地や駐車場に変容していた。それでも昔ながらの風情を漂わせる店も残っており、その店々をハシゴするのがぼくの日課でもある。評論家の仲里効《いさお》さんにあらためて桜坂の歴史的意味を聞くと「戦後沖縄の哀しみや怒りやさみしさが交差し、発火する、異場にして迷界のような混在郷＝オキナワンデルタだった」とその奥行きを教えてくれた。

桜坂に行くのは夜だけではない。スナックやバーともどもこのエリアでよく利用するのが桜坂劇場だ。前記した珊瑚座がもともとあった場所にできた映画館である。

ある時、新聞広告に目を奪われた。

「桜坂劇場　具志堅用高　舞台挨拶」

劇場では沖縄映画大特集を組んでいて、その皮切りに上映されるのが、具志堅さんの高校時代を描いた『ヤマングーヌ・ティーダ』（一九七八年）だった。アフタートークもあるらしい。実は、具志堅さんは我が少年時代の絶対的アイドルだった。これは、絶対に行かなければならぬ。

映画が始まる直前、館内がどよめいた。中央の客席に着座しようとしていたのは、まごうことなき具志堅さん本人だった。同じ空間にいると思っただけで、ぼくはすっかり舞い上がっていた。

上映後、司会の女性にうながされ、舞台にあがった具志堅さんの全身は、オーラをまとい、まばゆく輝いていた。そして、やはり、その言葉も天真爛漫な輝きを放っていた。司会の質問に応える形であのちょっと甲高い声で自身の歩みを語ったのだが、高校入学当初は卓球選手を目指していたこと、復帰の年に本格的にボクシングに打ちこみ始めたこと、インターハイ出場時に沖縄出身者として差別されたこと、チャンピオンになって沖縄の人たちに喜んでもらえた至福など、深い話のオンパレードに心が震えた。

　具志堅さんを目の前にしながら、子どもの頃にブラウン管で見た勇姿がフラッシュバックした。

　一三度防衛の感謝の気持ちをいまだに忘れておらず、それをみんなの前で口にする律儀さと謙虚さにも感動した。ぼくは客席中程にいたのだが、トーク終了後に写真撮影が許可されたので、興奮して舞台近くまで接近した。具志堅さんは嫌がるどころか、こちらに向かってファイティングポーズをとってくれた!! 感謝感激である。

　今この文章を書いていても、ドキドキしている。大好きな桜坂で、大好きな我が少年時代の絶対的アイドルに出会えて大感動だった。

桜坂で会った絶対的アイドル、具志堅用高さん

2―10　昼に夜に

壺屋から歩いて六、七分。昼に夕にぼくが足を向けるのが、ゆいレール安里駅のすぐ脇にある栄町市場だ。今や全国各地を見渡しても滅多に出合うことのできない、レトロな市場である。碁盤の目のように筋が縦横に走り、屋根全体がシートで覆われたアーケードになっている。筋の一部はとっても細く、人がすれ違うのも大変なラビリンス。精肉、鮮魚、総菜など幅ひろい食材店が軒を並べ、履物店、衣料品店、そして雑貨屋までが同居、活気あふれる雑多な世界がひろがっている。あちこちの店から元気のいい声が飛び交う。「あぁら、久しぶり。元気だった？」「元気よ、あんたはどうね？」などなど。ここで買い出しをするのがぼくの楽しみのひとつだ。

老舗が多いが、中でも最古参が、比屋根せんぎり店だ。七〇年以上、この場所に店を構えているという。せんぎりとは、切り干し大根のことだが、転じて沖縄家庭料理のベースになる出汁や具材も守備範囲になったようで、店の前には昆布や椎茸などの乾物、こんにゃく、もずくなどが並んでいる。店主の比屋根和子さんは、かつての市場の賑わいを教えてくれた。

「最初の頃は、まだ冷蔵庫もない時代だったから、昆布とスンシー（タケノコ）だけを扱っていたんだけど、この近くに料亭が七つほどできて、宴会がひっきりなしで、うちの店もいろんな食材を扱うようになったけど、すごく売れて、忙しかったね」

老舗が並ぶなか、ポツリポツリと若い世代の新しい店も誕生している。そのひとつが、比屋根せんぎり店の横にオープンしたケーキ店「Lavie」。和子さんの孫・佑奈さんがオーナーだ。

「おばあちゃんの横で何かできたらと思っていました。以前、鮮魚店だったのですが、廃業されたタイミングで市場の人に声掛けしてもらい、始めました」

敷地は二・五坪ほどと小ぶりだが、白を基調としたウッディーな店舗は清潔感あふれ「昭和テイスト」満載の市場の中で異彩を放っている。

「ずっとやりたかったので、めっちゃ楽しいです。市場の人たちみんなの愛を感じます」

戦前、この場所にあったのは、「ひめゆり学徒隊」の母校の沖縄県立師範学校女子部と沖縄県立第一高等女学校である。沖縄戦で灰燼《かいじん》に帰し、学校も再開されることなく廃校となった。

敗戦後から一〇年、地域が栄えるようにという願いがこめられ誕生したのが栄町市場だった。

夜、市場は別の顔を持つ。昼間、閉まっていた店々のシャッターが開くと、居酒屋やバーが出現するのだ。二〇年ほど前までは、夜間営業は二店しかなかったが、年を追うごとに増加し、

ケーキ店「Lavie」の比屋根佑奈さん

今では市場全体が飲み屋街化している。店内に収まりきらない客のため、細い路地に簡易テーブルや椅子を置いている店も多く、まるで東南アジアの夜市のようなカオス状態だ。

夏の終わり、即席の舞台と観客席が市場の一角に設けられて、栄町ゆかりの芸達者な人々によるライブがひらかれた。

一番バッターは、「栄町市場おばぁラッパーズ」。十数年前に市場を活性化するため、市場で店を構える人を軸に四人で結成されたのだが（現在は三人）、その実力は高く、ＣＤを出すにも至るほどの腕前である。初めて聞いたが、十八番《おはこ》の「栄町市場おばぁラップ」の市場への愛をこめたリリックは秀逸で、リズムに乗った三人の勇姿はかっこよかった。

二番手には、ぼくも立ち寄るバー「生活の柄」のマスター・盛仁さんがリードボーカルの「マルチーズロック」が登場、一気に会場の熱が最高潮に達した。人のつながりがこの市場の魅力なのだと感じながら、晩夏のまちぐゎーを堪能したのだった。

2—11　つながるふたつの「やちむん」

歌手の加藤登紀子さんが沖縄行きを前に送別会をしてくれたのだが、帰り際に手渡された一枚のメモが、「やちむんの里」を訪れる引金となった。

書かれていたのはこんなメッセージである。「訪ねるべき　大嶺實清」。

大嶺實清《じっせい》さんは、現代沖縄を代表する陶芸家だと知る。登紀子さんは、大嶺さんと古いつきあいらしく、「面白い人だから、ぜひ工房に行ってみて」と語った。そして手書きの地図もその場で書いてくれた。大嶺さんが窯を構えているのが読谷村の「やちむんの里」だった。

すぐにでも大嶺さんを訪ねたいと思ったが、コロナ禍でなかなかきっかけを掴めずにいた。某日、劇作家の謝名元慶福さんの家を訪ねたところ、玄関先にいくつもの美しい器が飾られていることに気づいた。茶碗や湯のみなどの日用雑器だったが、やわらかなフォルムと沖縄伝統の暖色系を基調とした絵柄が印象的である。それがぼくの大嶺作品との出合いだった。謝名元さんは、大嶺さんとの関係性を教えてくれた。

「實清さんの窯は、かつて私の家の近くの首里石嶺にあったこともあり、よく交流していましたね」

よくよく聞くと、いまだに懇意だという。「久しぶりに会ってみたいですね」と呟き、器を愛でる謝名元さんを見ているうちに、これはまたとないチャンスだと思い、「読谷に一緒に行ってください」と脊椎反射的提案を持ちかけた。破顔した謝名元さんは即座に首を縦に振ったのだった。

よく晴れた秋の週末、読谷に向かう車の中で、謝名元さんに念のために聞いてみた。

「謝名元さん、大嶺さんに連絡されましたか？」

「いいえ」

一気に不安が押し寄せる。果たしてノーアポで大丈夫なのだろうか。とにもかくにも行ってみるしかない。

やちむんの里に到着。入り口近くに「読谷壺屋焼」という工房があった。魚や海老をモチーフにした作品で知られる人間国宝・金城次郎の後継者の窯だった。読谷と壺屋のつながりがあることが暗示されたが、ぼくはふたつの地の関係性をまだ理解していなかった。


大嶺實清さんの工房「読谷山焼窯」は、やちむんの里のちょうど中央部にあり、深い緑に囲まれた森の家、という風情だった。謝名元さんは、なんの躊躇もなく、ずいずいと工房の中に入っていく。ぼくは恐る恐る、そのあとを追った。

髭をたくわえた作務衣姿のいかつい男性が、大きなシーサー作りに取り組んでいた。大嶺さんに違いない。まさに真剣そのものだ。声を掛けてはいけないと思ったが、謝名元さんはきさくに「實清さん」とひとこと。

すると。

それまで殺気めいたものすら発していた大嶺さんの表情が、破顔一笑したのだった。「ああら、謝名元さんじゃない。元気だった?」。すぐに「コーヒーでも飲みますか」と言って、奥にある喫茶室での「ゆんたくタイム」となった。

大嶺さんは、もともと画家を目指していたというが、大学で哲学を学びなおし、小学校教諭などを経て、一九七〇年に首里石嶺で陶芸を始めた。しかし、首里の都市化にともない、一〇年後に「やちむんの里」に拠点を移したのだった。政治から人生論、はたまた自身が見た夢まで楽しそうに語る、豪放磊落《ごうほうらいらく》で魅力たっぷりな方だった。登紀子さんが、すぐに会うように助言をくれた理由がわかった気がした。

大嶺さんの工房を辞去したあと、「読谷山焼北窯」通称「北窯」に行くことにした。北窯は、大嶺さんのもとで修行を重ねていた松田米司《よねじ》さん、共司《きょうじ》さん兄弟らが三〇年ほど前（一九九二年）に独立し作った登窯で、それを共同で使って作陶を続けている。近年では洗練された色合いの食器類がメディアに取りあげられることも多く、人気を呼んでいる。

謝名元さんは、松田共司さんとも首里石嶺時代から親しいという。とはいうものの、やはりノーアポイントメント。でも、大嶺さんのところと同様、謝名元さんは、ずいずいと松田さんの工房に入っていった。

そして。またまた同じことが起きた。謝名元さんを認めた松田さんも破顔一笑、謝名元さんの手を取って固く握りしめたのだった。恐るべし、謝名元さんの突破力。

工房は、学校の教室のような広さで、数人の弟子が熱心にやちむん作りに没頭していた。優しい顔立ちの松田さんは笑みを浮かべながら、「せっかくだから見ていきますか」とぼくを登窯に誘ってくれた。その場で、年に五回しか火入れをしないため、失敗が許されないなど窯入れ時の労苦と喜びを話した。

「とにかく登窯で焼いた器が美しいと思っています。だから、電気やガス窯にすれば楽だったけど、登窯にこだわりました。そして共同作業にも重点を置きました」

でもね、と言い、こう続けた。

「共同作業というのは至難の技でしたね。経済的にもたいへんで、最初の八年は道も通っておらず、まったく売れず、人が来なかった。理想は追い求めたが、現実はほんとに厳しかったですけどね」

それでも、少しずつ北窯の名は広まり、北は北海道、南は八重山から弟子が集まり、共同作業が深まった。これまでに三三人が巣立って行ったという。

松田さんにあらためて「やちむんの里」誕生の経緯を聞いてみた。即座に出したのが、上記「読谷壺屋焼」の主の名前だった。

「この場所でこうやって作陶できるのも、金城次郎さんが切り開いてくれたからです」

ターニングポイントは、半世紀前の本土復帰。

それまで壺屋で作陶に取り組んでいた金城には、強い信条があった。〝沖縄にある材料を生かして、沖縄独自の焼き物を作りたい〟。そのためには、どうしても〝登窯にこだわる〟。しかし、復帰を前に控えた六〇年代後半から七〇年代初頭、焦点となっていたのが公害だ。那覇では登窯から吐き出される煙が住民の間で問題視されていた。

本土復帰のタイミングで金城は大きな決断をした。

壺屋を離れよう。

選んだのが読谷村だった。そこには村の思惑も重なっていた。北部・座喜味横田原の一画を「やちむんの里」にする計画を立案、金城次郎に誘致を呼び掛けていたのである。

金城の移住から数年後、大嶺さんの「読谷山焼共同窯」が開かれ、さらに隣接していた米軍の不発弾処理場が返還されたのを機に、松田さんたちの「北窯」が誕生した。松田さんは「破壊の煙から、創造の煙にしたんです」と当時を振りかえる。さらに壺屋からの移住者も続き、読谷は、やちむんの一大産地となった。

金城は一九八五年に、沖縄県で初となる人間国宝になるのだが、その頃の彼をテレビが追っている。NHK特集『次郎さんの魚が笑ってる～沖縄の陶工　金城次郎～』。カメラの前でも、裸足で下着姿のままでやちむんに取り組む、邪気のない金城の姿が印象的である。壺屋と読谷を結びつけた金城は、二〇〇四年、九三歳でこの世を去った。

那覇のど真ん中の「やちむんの街」、そして緑豊かな「やちむんの里」。コントラストをなすふたつのエリアを巡って見えてくるのは、沖縄の陶芸文化の奥行きである。みなさんもぜひふたつの「やちむんの地」を訪れてその魅力をたっぷりと堪能してみてください。

3

失われし時をもとめて

沖縄に暮らすようになって数カ月後にようやく再建中の首里城を訪れたのだが、痛切に感じたのは失われた時の重さだった。

琉球王国時代の文化は、どのようなものだったのか。そこにはどんな人たちがいたのだろうか。数年前の大火で焼け落ちてしまい、シートに覆われた建築現場からそのヒントはなかなか見出すことはできなかった。

かつての琉球王国は、日本、中国、朝鮮のみならず、東南アジアの国々と交易を繰り広げ、独自の文化を繁栄させていたという。諸国の宝物で満ちあふれ、王府の管理下できらびやかな漆器や、色鮮やかな染織品がつくられたそうだ。しかし、近代化の波や太平洋戦争の激しい地上戦で有形無形の文化遺産の多くがこの世から消えてしまった。そして戦後四〇年以上たってようやくのことで再建された首里城さえも燃えてしまった。

その後、福岡出張の折にたまたま訪れた九州国立博物館で思いがけない出会いがあった。黄金に輝く神女・聞得大君の簪《かんざし》、緋の色が高貴さを漂わせる祭祀用の漆器。赤と黄色が鮮やかな紅型《びんがた》、涼やかな芭蕉布……その空間には彩《いろどり》があふれていた。まさに琉球の芸術品ではないか!! 展示されていたのは、現代によみがえった琉球時代の芸術だった。絵画、木彫、石彫、漆芸、染織、陶芸、金工、そして三線。職人と研究者が協力し、失われた王国時代の手わざの解明に挑んだものだった。

真っ白だった琉球時代にほんの少しだけ色がついてきた心持だった。

その後、縁あって、日曜美術館という番組でこの再興事業を軸に、琉球文化を見つめなおす機会に恵まれた。またその間に、琉球文化を次の世代につなごうとするさまざまな取り組みとも出会った。

この章では、垣間見えてきた琉球王国の断片を綴っていきたいと思う。

3—1　蘇った幻の王

琉球国王が没した後に、宮廷画家によって描かれた肖像画を「御後絵《おごえ》（沖縄の言葉でうぐい）」という。実物の他に「お扣《ひか》え」と呼称される写しもつくられた。それらは、国王の菩提寺・円覚寺におさめられたが沖縄戦で米軍の激しい攻撃により焼失した。

しかし、である。ひとりの救世主ともいうべき人物が貴重な記録を残していた。琉球文化研究者で自らも紅型の継承者として人間国宝に指定された鎌倉芳太郎だ。鎌倉は、大正末から昭和初期にかけて沖縄県内をまわり、貴重な文化財をガラス乾板という技法でとらえ、写真として残していたのである。一〇枚のお扣えもその中にあった。

写真さえ残っていれば、復元は容易——。普通は、そう考えるだろう。しかし、ことはそんなにたやすくはなかった。鎌倉の写真はモノクロームだったのだ。

その白黒写真をもとに、二〇〇九年、首里城友の会が東京藝術大学の保存修復日本画研究室に依頼し、復元に取り組むことになった。

まず、文化遺産の保存や修復に関する調査研究をする東京文化財研究所の技術をたよりに、現在も残されている琉球絵画などをエックス線で分析、紙質や顔料を突きとめた。しかし、やはり、難題は色の特定だった。微妙な色に関しては、鎌倉が使っていたようなガラス乾板で色のサンプルを撮影して、オリジナルの写真と比べて近い色を割り出した。さらに現存する琉球王の衣装をつぶさに調べ、色合いを吟味した。

総合的な作業だった、と東京藝術大学の荒井経教授は当時を振り返る。

「文献はもちろんのこと、御後絵がまだ燃えてしまう前に見たという証言があったりですね、様々な情報を集積していきました。もちろん沖縄の研究者たちからの情報なども統合してまとめていくという仕事でした」

こうして試行錯誤と研鑽をかさね、三年がかりで、第一八代・尚育王の絵が完成、その後、美ら島財団の依頼のもと、六年かけて第一四代・尚穆王《しょうぼくおう》、一七代・尚灝王《しょうこうおう》、ふたりの御後絵ができあがった。つまり足掛け九年の壮大な復元プロジェクトとなったのだ。

荒井さんは、その意味合いをこう位置づける。

「復元された御後絵は、今後一〇〇年、二〇〇〇年と沖縄文化の象徴として受け継がれていくと思います。つまり、一過性のものではないわけです。それをつくりあげた責任は非常に重いものだと思っています」

ぼくは、東京国立博物館で開かれた特別展「琉球」で三枚の御後絵を見ることができた。構図はすべて同様で、中央に王がひときわ大きく描かれ、周囲に重臣・従者が配置される。いずれも一五〇センチ四方と巨大で、堂々たる威風である。最新の叡智をもフル活用し、どうにかして後世に琉球文化を残そうとする研究者や芸術家たちの不屈の精神の結晶物だった。

3―2　月の輝く女神

滑ってしまいそうな石灰岩が敷き詰められた坂道をのぼっていくと、いつのまにか亜熱帯の植物園にいるかのような豊かな植生に囲まれ、濃い緑の匂い・フィトンチッドが肺いっぱいに充満される。黒蝶の群れが神の使者のようにひらひらと乱舞している。ああ、気持ちいい。

すでに行ったにもかかわらず、何度でも行きたくなってしまう場所のひとつが南城市知念半島にある斎場御嶽《せいふぁうたき》だ。一歩足を踏み入れると、心がきれいに洗われた気持ちになるのだ。

この場所は、琉球王国と深い関係があった。国王は、琉球開闢《かいびゃく》の祖アマミキヨが住み着いたと伝えられる知念、玉城の聖地を巡礼する「東御《あがりう》廻《まーい》り」という行事を欠かさなかったが、聖地の中で最重要だったのが斎場御嶽だった。

御嶽には、三庫理《さんぐーい》という三角に穿かれた空間の先にある拝所をはじめ「イビ」と呼ばれる神域が六つある。国王は、この六カ所を参詣しながら、

斎場御嶽の三庫理

国家繁栄、安寧、五穀豊穣、航海安全などを神に祈願した。

やがて国王に代わって神事をつかさどることになったのが「聞得大君《きこえおおきみ》」である。沖縄では、古くからノロと呼ばれる地域の祭祀を管轄する女性がいたことは前述したが、聞得大君は、その最高位のポジションで、王家の女性が務め、琉球王国の宗教的権威を一手に担っていた。王国は、軍事面のみならず精神面でも確固たる地位を確立したことで約四〇〇年の長期王統が守られたのだ。


某日、斎場御嶽と同じ南城市にあるホテル「百名伽藍」に赴いた。経営者の渕辺美紀さんにインタビュー取材をするためだったが、その時に、同ホテルでは、琉球王国ゆかりの人物や行事を絵画として残そうと取り組んでいることを知る。さっそく地下のギャラリーに行ってみると、それらの作品が飾られていた。

その中に聞得大君もあった。

描いたのは、那覇在住の日本画家・喜屋武千恵さんである。多忙ゆえになかなか接触ができなかったが、ようやく個展会場で話を聞くことができた。「できる限りの資料を集めてイメージを膨らませました」とちょっと興奮したように語り、こう続けた。

「私にとって『聞得大君』は憧れでした。その神秘のベールに包まれた姿をはたして描くことが出来るのかという不安はありましたが、それ以上にわくわくと喜びの気持ちが大きかった。それぐらい、『聞得大君』は、魅力的な存在でした。オファーを受けてからは、寝ても覚めても、彼女のことばかり考えていました」

喜屋武さんが描いたのは、聞得大君の中でも初代とされる『月清《げっせい》』。

「人でありながら、神と人をつなぐ存在、その神聖な姿を表現することに、大変心を砕きました」

喜屋武さんの頭に浮かんだのは、聞得大君が最高神職に就任するにあたり、深夜の斎場御嶽で行われたとされる「御新下り《おあらうり》」という重要な儀式だ。

「月が清く輝く世界に佇み、人々の幸せを祈る、神々しい姿を描きたいと思いました。化学的な人工絵具ではなく、琉球王国時代の絵師たちも使用していた天然顔料がベースです。背景の群青色は、藍銅鉱《アズライト》の原石からつくられた顔料を使いました」

初代聞得大君「月清」（喜屋武千恵さん画、JCC 提供）

母性、祈りをテーマに「目には見えない大切なもの」を意識しながら創作を続けてきた喜屋武さん。現代に蘇った月清からは、琉球王国時代を偲ばせる神秘性のオーラが漂っていた。

3―3　首里城との通信大実験

ビール工房のオーナー由利さんは、コロナ禍の中、店の休日午前を利用し歴史講座を始めた。

「マンボウ（まん延防止）や何やらで営業できない時間が多かったので、この際、自分の足元を見つめようと。自分の店の場所がかつて海だったことを思い出し、昔の地形を調べまくりました。那覇は今と全然違う形だったことに気がついて、そこから沖縄の歴史がどんどん面白くなっていったんです」

そんな探究心を、古塚さんからの一声が後押しし、歴史講座の誕生となった。

「古塚さんがちょうど那覇市を退職したばかりで、SNSで『仕事ください』と投稿していたんです。ああ、これはいいタイミングだなと思って」

こうして古塚さんを講師に始まった歴史講座。「琉球沖縄の通史」をテーマに、数万年前の沖縄から現代沖縄にかけて様々な角度から歴史を紐解いてきた。座学がメインだが、首里城を歩いたり、ゆいレールで移動しながら、沿線の歴史を学ぶなど現地を体感する実学も交えている。

そのひとつが、琉球王国時代の通信手段を実際に再現する試みだ。

かつて琉球王国は、各地に設けた火立て《ヒータチ》（狼煙）や旗を使って通信伝達をしていた。そのことを由利さんは探求したいと思ったという。

「琉球時代の通信に関するある逸話を聞いたことがあったんですけど、ほんとうにそうなの？と思った。しかも、それをまだ誰も実証してなかった。まだ誰もやっていないことをやるって、世界の新しい扉をひらくみたいで素敵じゃないですか？」

「ある逸話」とは、王国時代に首里城と港に近い安謝《あじゃ》（首里城から直線距離約四キロ）との間で交わされた通信をめぐるエピソードだ。

琉球王国文化が一番華やかだった尚真王の時代、息子の病気治癒にひとりの男が寄与したことが根底にある。彼を治したのは天文や易学者として王国に仕えていた木田時（むくたとぅち）。「時」は現在でいうとユタのようなポジションをさす言葉のようだ。彼は国王から厚遇を受けるようになり、大時の称号を賜り、木田大時（むくたうふとぅち）と名乗るようになる。妬みを抱いた周囲の人々は、王に「木田が本当にものを見抜く能力があるのか試すべき」と注進する。

「それではと、尚真王が木の箱の中にネズミを一匹入れて木田を呼び、皆の前でその力を試すことにしたそうです」

王は、木田に問うた。「この箱の中にネズミが何匹いるか当てて見せよ」。それに対して木田は「五匹です」と答えた。「まことか」。「間違いありません」。

木田に悪意を抱くものたちは、「それみたことか。やはり木田は国を惑わす悪人だ」と糾弾、王もそのことを認め、木田を安謝の処刑場に送ってしまった。しかし、王が箱をあけたら、ネズミは四匹の子を産んで五匹になっていた。王はすぐさま処刑場に刑を中止させるための旗を振らせたが、それを見た処刑人が、実行の合図と勘違いし、木田を処刑してしまった。これを悲しんだ尚真王は平民である木田の骨を王統の陵墓である玉陵《たまうどぅん》に納めることを許したという。

「この話、物語としては面白いのですが、はたして本当に首里城で振った旗が安謝から見えたのだろうかという疑問を持ちました」

という経過で、逸話にもとづいた実地での実験を施すことになったのだ。

首里城の上で、旗を振ってくれたのは、ＦＣ琉球の応援団長で那覇市内でスポーツバーを経営する池間弘章さんである。ふだんスタジアムで使っている竿にお手製の三×四メートルの特大サイズの旗をくくりつけて持ち込んだ。実験は首里城公園を管理する美ら島財団と琉球新報社の協力もあおぐ大掛かりなものとなっていた。

はたしていかなる結果となったのだろうか……。

「見えた。ですが、かなり見えにくかった。結論としては、当時の人は現代人より視力も良かったでしょうし、空気も綺麗だったはずなので、旗による通信は可能だったと思いました。ただ気象条件や旗の色によって見え方がだいぶ違っただろ

特大サイズの旗を首里城から振った

う と思いました」

さらに、由利さんは旗だけでなく、光による伝達もあったのではという自説を実証すべく次なる実験を施した。自分の店の鏡を首里城に持ち込み、太陽光の反射での通信を試みたのだ。首里城から放たれた光のシグナルは、難なく安謝に到達、見事、実験大成功だった。

それから一年。今、由利さんは、あらたな挑戦をしようとしている。晴れてさえいれば、首里城の西《いり》のアザナから渡嘉敷島が見える。ならば、慶良間諸島との間でも光を使った通信が可能ではないか？　しかし、距離は安謝と比べて九倍の三六キロもある……。

さてさてどうなることか。その結果が楽しみである。

3―4　赤いインコにあらず

我が家のほど近く、国際通り沿いに「アカインコ」という、かわいらしい名前の居酒屋がある。ずっと愛鳥家が経営する店だと信じて疑わなかった。

しかし、読谷の米陸軍「トリイステーション」近隣の楚辺地区を訪ねた折に、アカインコの意外な正体を知ることになる。

こんな標識を見つけたのが真相究明の第一歩だった。

「赤犬子宮」

気になったので、立ち寄ってみた。そして、知る。赤犬子↓アカインコと読むのだ!! 赤いインコとばかり思っていただけにかき乱された。

赤犬子とははたして何者なのか。

大和風の鳥居をもった社の境内の階段をあがると、祭壇が設えられ、その前は広場になっていたのだが、脇に「赤犬子」と題された碑文があり、こう書かれていた。

「赤犬子」は琉球音楽の世界では唄・三線の始祖として信仰されています。

赤い鳥でも赤い犬でもなく、そんな偉業を成し遂げた人物だったとは!

アカインコは、琉球王国の尚真王の時代（一五世紀後半―一六世紀前半）の歌詠みで、王国の発展を讃える古歌謡「おもろ」を唱えた名人だという。おもろを集め王府が編纂した歌謡集が「おもろさうし」で、その中に彼の業績が記される歌が四十余首もあるようだ。

さらには三線の原型を編み出し、その三線を片手に琉球各地を無銭で旅しながら作詞を重ねたとされる。ちなみに三線は、実際には明から伝わったものなので、その部分はあくまでも伝説のようだ。

加えてアカインコは、先々のことを予言したり、五穀（稲、麦、栗、豆、黍）を中国から持ち帰ったともいわれている。かなりのスーパーマンぶりだ。

名前はかわいらしいが、そこには悲しい出自が秘められていた。容姿が端麗だった母・チラー小《ぐゎー》は、読谷の阿嘉《あか》（現在の楚辺）に暮らしていた。みんなの憧れの的だったため、彼女をめとった父・カマーは嫉妬を受け、村の若者に殺された。チラーはすでに身ごもっており、その後に夫不在で出産したが、「飼い犬との間に子どもを作った」と揶揄され自殺に追い込まれた。生まれてきた子どもは、出身地の阿嘉と、童名の「イン（犬）」と、人を表す接尾語「子」を組み合わせ「アカインコ」と呼ばれるようになった。

前述した百名伽藍のギャラリーに、アカインコの肖像画も飾られていた。那覇で活動する比嘉孝子さんが描いたものだ。比嘉さんが注目したのが、楚辺地区で語り継がれる伝説だった。

アカインコは、中城の安谷屋を旅している時、みずみずしい蕪を持った少年と巡りあう。喉が渇いていたアカインコは、蕪を分けてくれるよう、少年に懇願する。すると親切な少年は、鎌で葉を切り落とし、食べやすいようにしてアカインコに差し出したという。

アカインコ（比嘉孝子さん画、JCC 提供）

比嘉さんが描いたアカインコは、三線を背負って杖をつきながらも、子どもっぽい笑顔を浮かべているのが印象的だ。

「着の身着のまま、根なし草の旅暮らしの生涯を、山水画のような趣のある色彩で綴りました。不運な生まれにもかかわらず、人との交流を楽しみ、好奇心・探求心が旺盛で、人間味あふれる姿で表現しました。古の琉球を旅するイメージで絵の世界に見入っていただきたいと願っています」

ちなみに親切な少年は、組踊の代表的作品『執心《しゅうしん》鐘入《かねいり》』の主人公中城《なかぐすく》若松《わかまつ》のモデルともいわれている。アカインコは楚辺で没したとされ、その地に建立されたのが、赤犬子宮だった。楚辺では村の守り神として敬われており、毎年旧暦九月二〇日には「赤犬子まつり」が行われる。また三月四日「さんしんの日」には、赤犬子宮では「かぎやで風」などの琉球古典音楽と舞いが奉納される。

想像とはまったく違う存在だったアカインコ。伝説的部分は多少あるが、その幅広い活動力と現代にまでつながる影響力に慄《おのの》くばかりだ。

3—5　夏至の玉城城

ホーッとため息のようなものが周囲から聞こえてくる。琉球石灰岩が積み重ねられた城壁に目を向けると、穿かれた門から、オレンジ色の太陽がのぼろうとしていた。時刻は午前五時四五分。荘厳な光景に心が震えた唐突のメールが届いたのは、慰霊の日の直前のタイミングだった。「明日の朝、玉城《たまぐすく》城址に朝日を拝みに行く予定ですが、一緒にいかがですか。夏至のエネルギーチャージ!!」。

差出人は、以前、古宇利島の洞窟祈願に誘ってくれた野原はつみさんである。彼女によると、毎年夏至に、南城市にある玉城城の城門《グスク》のちょうど真ん中から太陽がのぼるのだという。「エネルギーチャージ!!」という言葉に気分は高揚し、翌朝、来沖中の娘とともに早起きをした。

寝ぼけ眼のまま、まだ周囲が真っ暗な那覇を車で出発、三〇分ほどで携帯ナビは「目的地に到着しました」とアナウンスし「お疲れ様でした」と一方的に任務を終了してしまう。薄暗い中、標識も見当たらず、藪ばかりが目立ち、ほんとうに玉城城なのか、こちらを不安に陥れた。

一〇〇メートルほど先方の野原に車のヘッドライトがちらりと見えた。その場所を頼りに車を進めると、果たしてそこが城の下の駐車場で、すでにたくさんの車が停まっていた。

玉城城は標高一八〇メートルほどの小高い丘に構えられていた。暗がりのゴツゴツとした岩道に転倒の危険をおぼえたが、途中からは木の階段が整備されていて快適だった。後ろを振り返ると、視界が大きく開け、あけもどろの大海原が眺望できた。グスクだからこそ、周囲が一望できる場所が選ばれたのだろう。階段をのぼりつめると、前述した琉球石灰岩を積み重ねた城壁と穿かれた門があらわれた。扇を半分に切ったような不思議な形の門はちょうどぼくの身長くらいの高さで、大柄な人だったら、屈まないとくぐれないだろう。

城内は広場になっていたが、立錐の余地もないほどの人が集まっていた。しっかりと数えなかったが一〇〇人はいたと思う。なかには、緋色の衣装をまとい頭に紫の布をかぶった宗教関係の集団もいた。彼ら彼女らは、なにやらボソボソと低い声でお祈りをしている。

そして日の出の時刻を迎えた。その数分後、冒頭に記したように、城門のど真ん中に太陽が収まった。周囲の宗教者の祈りの声は高音に転じ、ピークに達していた。

そもそも玉城城は、いかなる意味合いを持つ城なのだろう。那覇に戻って、古塚さんに聞くと、「東御廻り《あがりうまーぃ》」の最後の拝所だと教えてくれた。

「琉球開闢《かいびゃく》伝説に基づく聖地巡拝が『東御廻り』の始まりです。首里城前の園比屋武御嶽《そのひゃんうたき》に始まり、大里、佐敷、知念、玉城の四つの間切（地域）に分布する聖地を琉球国王が巡拝しました。のちに国王が直接巡拝することはなくなりましたが、神に仕える女性の頂点にあった聞得大君の就任式である『御新下り《おあらうり》』はそのコースを踏襲しています」

玉城城の城門から夏至の日の出を臨む

つまり玉城城は、古代からの由緒正しき聖地なのだ。古塚さんによると、城門がちょっと変わった形をしているのは、奄美より南の海で採取されるゴボウラ貝の装具の形を模したからではないかという。ぼくはかつて奄美の博物館でそれを見たことがあったが、確かに似ている。

ではこの夏至のグスクの日の出の意味は何なのか。

「玉城城の城門は、琉球石灰岩を穿ってつくられています。一年で最も太陽が長く照り輝く夏至にこの門をくぐって、てぃだ（太陽）が訪れるように計算して方角を定めたと考えられます。その時に、太陽が計り知れない力を授けてくれると信じられていたのではないでしょうか」

「計り知れない力」に授かりたく、今年（二〇二三年）の夏至も早起きして玉城城に向かった。天気予報は雨マーク。昨年同様、緋をまとった宗教者の姿が目立ったが、あいにくの天気ゆえか、二〇人ほどしかいなかった。案の定というか残念ながら、ご来光は仰げなかったが、朝の澄んだ空気は全身を浄化してくれた。晴れ晴れとした気分で、古より由緒が続く聖地をあとにした。

3―6　神様とともにある島

「綺麗なビーチで泳ぎたいなら、とっておきの場所がありますよ」

沖縄に来てほどない頃、たまたま立ち寄った恩納村の海沿いのカフェの主人は、初心者に手ほどきするように、おすすめスポットを教えてくれた。てっきり近隣の海だと思ったのだが……。

「久高島です。船で簡単に渡れるし、とにかく海がきれいなんです」

ちょっとした驚きだった。久高島は、「神の島」とも呼ばれ、気軽にレジャーで訪れるような場所だとは思ってもみなかったからだ。

実は、ぼくは十数年前、福岡に勤務していた時に、久高島を訪問したことがあった。旧正月の行事を取材するためだった。

琉球の始祖アマミキヨが降臨した「沖縄発祥の地」といわれる久高島は、島全体が聖地で信仰の対象になっている。今は途絶えてしまったが、一二年に一度の秘祭「イザイホー」があったことでも知られている。

神事の多い島で、行われる祭祀は年間大小あわせて二七にのぼるというが、最大のもののひとつが旧正月の三が日に繰り広げられる祭りだった。ぼくは、ありがたいことにその撮影を許可されたのだった。

島の中心部にある拝所で、神主のようにも見える「ソウルイガナシ」と呼ばれる男性の周りを白装束の女性と、芭蕉布の絣をまとった女性が半々に取り囲んでいる。ソウルイガナシから受けた御神酒を島人たち一人ひとりが飲み干し、一年の安全を祈願していた。

飲み終えた人は、広場の真ん中に歩み出て、踊るのが習わしのようだ。神事ゆえ厳かに受け止めないといけないと思いながらも、ぼくはみなさんの思い思いの舞にこめられたユーモラスな感情を受けとめ、親しみすらおぼえていた。

とはいえ、久高島の神へのルールは複雑で、周辺には通れない道や踏みこんではいけない場所がいくつもあった。大きな島ではないが、ひとりで歩くのは困難だと感じた。

翌日にとり行われたのが、海への感謝と船の安全を祈願する神事「ファチオコシ」である。港では、四〇艘ある漁船のすべてに大漁旗が掲げられている。三々五々、集まってきた人々は自分たちの船に乗り込み、酒で船の各所を清め、刺身や米などを奉じて大漁を祈願していた。船底で祈り、船首で祈り、船尾で祈る。久高のウミンチュたちの神への慈しみ、敬虔さを感じた。

その後、港の水揚げ所で始まったのが宴席だった。三〇人ほどのウミンチュが集まり、円陣に座して酒を飲み交わす。ぼくにも酒がつがれ、飲み干すように勧められる。三線や太鼓も登場、やがてカチャーシーが始まった。

夜、島で唯一の居酒屋に島人たちが集まっていた。そのうちのひとりが「神様っていう存在、どう思う?」とぼくに問いかけをした。答える間もなく他の人たちが、折からの物価高をなんで神様は止めてくれないのか、神様でお金儲けをする人が増えたような気がするなどと、神様を巡って多面的な意見が続出した。この島が古くから深い祈りと大きな存在とともにあるがゆえ、このような問いが常に繰り返されているのだろうと思った。すぐにそんな話がなかったかのように、屈託ない話に戻っていった。外は漆黒の闇。男たちの嗄《か》れた声に波が砕ける音が重なりあっていた。

さて、冒頭のカフェの主人の話を受けた後日談だが、ぼくは妻と娘とともに久しぶりに久高島を訪ねてみた。フェリーは混み合っていてほとんどが観光客のようだった。島内には以前にはなかった飲食店などが散見され、自転車どころか電動キックボードの貸出などがあり、ここ十数年で島が大きく変容したことを感じた。ビーチでは、まばゆい陽光の下で、老若男女が海水浴に興じていた。確かにカフェの主人が言っていたように、海は美しかったが、神の島での海水浴は、何かのタブーに触れているような気がして、芯から楽しむことはできなかった。

ぼくたちが久高島を訪ねたのは、ある聖地に足を運びたかったからだ。カベール岬、別称・ハビャーンである。響きだけだと戦隊もののキャラクターのようだが、アマミキヨが降誕した場所とされている。

レンタサイクルで、亜熱帯植物に囲まれた道を進むと、一五分ほどで島の北端に辿りつく。隆起した琉球石灰岩がむき出しになった断崖絶壁を抱いた岬が、神が降り立った地だった。

「ここには、すごい気が流れているね」

着いたとたん、妻が発した言葉通り、眼下の濃紺の海には、奥深い神聖さがただよっており、こちらを荘厳な気持ちにさせた。強い風が吹いていたが、いつまでもその場に居続けたい場所だった。

久高島のハビャーン

やはり神の島には歴《れっき》とした不変の深遠があると感じたのだった。

3―7 神が居住し、没した島

「あそこは、神がいた島だから、沖縄を知るためにはぜったい行ったほうがいいよ」

ことあるごとに俳優の洞口依子さんに言われていた。

あそこ、とは浜比嘉島《はまひがじま》である。

それまでぼくは、神がいた島というと、前述した「神の島」久高島ばかりを思っていた。懇意にしている彫刻家の金城実さんの母方が浜比嘉出身だが、金城さん曰く、浜比嘉島の人たちは気性が荒くやんちゃな人も多いと聞いていたこともあり、洞口さんの話はちょっとした驚きだった。調べてみると、確かに浜比嘉島には、琉球を作った神アマミキヨとシネリキヨが居住していたとされる場所があるようだ。

来沖中の息子とともに浜比嘉島を目指した。強風の中、勝連半島から海上をドローンで低空飛行するように海中道路を飛ばし、まずは平安座島《へんざじま》に到着。さらにもうひとつの海上の橋を渡ると浜比嘉島だった。

小腹が減っていることに気づき、まずは、この島の名物を食すことにした。

たこ飯、である。タコライスではない。

しかし、島の老舗の食堂に行ったところ、タコライスしかないという。一軒だけ供する店があると聞き、そこで無事、たこ飯にありついた。その名のとおり、地元でとれた蛸の炊き込みご飯である。しかしその店は、仙台の某メーカーが近年経営を始めたといい、メインは隣接するカラオケ店で、ガンガンと演歌が鳴り響いていた。高らかに歌いあげられる「雪国」は、新鮮なたこ飯を味変させていた。

シルミチューと呼ばれる洞窟

気を取り直し、まず向かったのは、「シルミチュー」である。
大和風の鳥居と長い長い石段をのぼると、琉球石灰岩が隆起した巨岩がそびえ立っていた。そこに自然にできたものなのか、ガマがあり、大きな祠があった。そここそがアマミキヨ（浜比嘉島ではアマミチューと呼ばれる）とシネリキヨ（同・シルミチュー）が暮らしたところと言い伝えられている。
さきほどまでの強風は弱まり、微風は全身に心地よく、あたりには神聖な気が流れていた。
うるま市立海の文化資料館学芸員の前田一舟さんに後日、神が降りたった土地、そして居住地の相関関係を紐解いてもらった。

「浜比嘉島では、アマミキヨをアマミチューと呼んでいますが、アマミキヨが最初にやってきた土地は諸説あり、久高島という説と藪地島だという話もある。いずれにしても神話では、アマミキヨは大方、沖縄島東側を中心に降りたったということになっています。そこから水を求めて津堅島に渡りますが、実際には水はなく、結局浜比嘉島の比嘉に渡って水もある洞窟で暮らしたといわれています」

ぼくたちが、次に向かったのが「アマミチューの墓」だ。アマミキヨとシネリキヨが没したのも浜比嘉島とされており、その墓が海岸沿いにあるのだ。

行くまでがちょっとしたアドベンチャーだった。ちょうど潮が満ちていたタイミングで、誘導路が水没していたのである。少しだけ高くなっているところを選んで、滑って海に落ちないように慎重に歩き、聖地に辿り着く。やはり隆起した琉球石灰岩が拝所になっていた。そこが、アマミキヨとシネリキヨの墓だった。

琉球の始神へのお参りを終え、近くの海岸でぼーっとした。高校二年生の息子が、しきりにいい場所だね、と言っていたのが心に残った。

4

戦世（いくさゆー）

実は沖縄着任の半年前に、数日間ではあるが、沖縄に滞在していたことを告白する。

しかも、仕事とは無関係に……。

GoToキャンペーンを利用して、娘ふたりとともに訪れたのは、沖縄島中部読谷村だった。普段だったら宿泊など叶わないプライベートビーチを備えたリゾートホテルに投宿し、休暇を過ごすことにしたのだ。一〇月というのに海は生温かく、まだまだ遊泳が楽しめた。台風接近の情報にやきもきしていたのだが、幸いにも軌道がそれ、これ以上ない日和に恵まれていた。

コバルトブルーの海は遠くまで凪いでいた。波も静かで穏やかなのは、浅瀬が続いているからだろう。

正直、のほほん、としていた。都市の喧騒は忘却の彼方に追いやられ、己の頭の一画は、バターが溶けたように弛緩していた。仕事の疲れは癒され、コロナの憂さも晴れていた。

いいなあ、南の海は。いいなあ、沖縄は。

大きく息を吐き出し、遠くを見やりながら、突如、ハッとした。この読谷の海岸こそ、沖縄島での戦の始まりの地・米軍上陸の地だった。ひとつの事実に気づかされたのだ。身震いが襲ってきた。当時、読谷山《ゆんたんざ》とよばれ、およそ一万八〇〇〇人が暮らしていたのどかな村は戦場となった。

米軍がこのあたりから北谷にかけての海岸線を選んだ理由は大きくふたつあるという。日本本土を攻撃する前線基地となりうる読谷（北）飛行場があったこと。そして攻撃を支えるために必要な物資の荷下ろしができる浜があったことだった。

米軍は、この上陸を起点に二カ月あまりにおよぶ戦いを、おもに沖縄島各地で展開していく。その結果、沖縄県民の四分の一の人々が亡くなった。

米軍が上陸した読谷村の海岸

夜、ふたたびビーチへと足を運んだ。漆黒に染まった海原を見ながら、上陸の日の光景を思った。米兵たちだって心中は穏やかではなかったであろう。そして、日本軍から「鬼畜米英」と徹底的に叩き込まれていた読谷山住民の恐怖は尋常ならざるものだったに相違ない。波音も荒ぶって聞こえ、昼間のリゾート気分は、すっかり吹き飛んでしまっていた。

友好的で武器を持たない、平和を愛する人々。レキオス。

大航海時代、ポルトガル人のトメ・ピレスは『東方諸国記』で琉球人をこう表現している。人としてのありようとして、これ以上の言葉はないと思うし、そのDNAは現在の沖縄の人々にも受け継がれているにちがいない。だからぼくは沖縄に惹かれるのだと思う。

しかし平和を愛する人々の地は、何度も揺さぶりを受けた。薩摩の侵攻、明治維新後の琉球処分、そして最大の災禍、沖縄戦。

沖縄に来て以来、日々の生活で、ぼくはいまだ癒えぬ戦火の傷跡を感じることが多い。しかも、思いもかけないようなシチュエーションで……。前記の読谷バカンスもその一例である。

沖縄の日々で遭遇した戦の記憶を、ぼくなりに辿っていく。

4―1　チビチリガマとシヌクガマ

ナビは目的地到着を伝えるのだが、そこには公衆便所がひとつあるだけで、何らの標識もない。

しかし、道沿いには周囲のサトウキビ畑と様相の異なるガジュマルの籔があり、そこが特別な場所であることを示していた。

籔の奥は小さな谷になっており、下方の茂みからは低いうなり声のようなものが響いていた。ときおり叫び声のようにも聞こえるのだが、なぜ、そんな声がするのか、不審に思った。危険な野獣などいるはずはないのだが、ちょっとした不安が湧きあがる。

同行していたふたりの娘と一緒に石段を降りると、谷底は広場になっていたが、その先にゴツゴツとした黒い岩場があり、トンネルのようにえぐれていた。沖縄島各地にあるガマと呼ばれる自然洞窟＝鍾乳洞である。

そここそがチビチリガマだった。

ガマの入り口には、千羽鶴が飾られている。中に入ろうとすると、看板があり、こう書かれていた。「これから先は、墓となっているので立ち入りを禁止します」。

ハッとさせられ、ぼくは足を踏みとどめた。「ガマの中には、私たちの親戚の骨がたくさん眠っています」。不用意に聖域に近づいた自分を恥じた。

チビとは「尻」でチリとは「切る」の方言読みである。ガマの底には川が流入しているのだが、どこに出ていくのか誰もわかっていないことから「尻が切れたガマ」という名前になったらしい。

戦前は、農作業が終わると近隣の家族たちが集まって宴をひらくなど、広場は集落の憩いの場だったという。そして一年を通して温度が安定したガマの中は格好の休息の場所でもあった。

その場所の意味合いを一変させたのは、戦争だった。一九四四年一〇月の十・十空襲以降繰り返された米軍の空襲で、地元の波平地区住民たちは、チビチリガマに避難するようになった。とりわけ一九四五年三月二三日頃から空襲は激しさをまし、住民たちはガマの中に釘付けにされたという。

米兵は、読谷に上陸直後に、上陸地点からわずか七〇〇メートルのガマを包囲、「デテコイ」と投降勧告をした。「コロサナイ。デテコイ」と日本語の呼び掛けが続いたが、ガマにいた一四〇人はパニック状態に陥ったという。上陸翌日、住民八三人が米兵の残虐な仕打ちを恐れ、ここで集団自決をした。そのうちの六割が一八歳未満の少年少女だった。

入り口付近には、金城実さんが中心になって制作した「チビチリガマ　世代を結ぶ平和の像」とともに、慰霊碑があり、こう書かれていた。「『集団自決』とは、『国家のために命を捧げよ』『生きて虜囚の辱を受けず、死して罪過の汚名を残すことなかれ』といった皇民化教育、軍国主義教育による強制された死のことである」。

集団自決の場となったチビチリガマ

不条理な戦への怒りがひしひしと伝わってきた。ぼくは、ただただ手を合わせることしかできなかった。

地響きのようなうなり声は止むことなく続いていた。どうやら茂みの向こうにある養豚場のものとわかったが、ぼくには地を這うような低音は、この場所に宿る地霊が何かを訴えかけてきているように聞こえてならなかった。

チビチリガマと対照的なガマもあった。

集落から半分未舗装の道を進むこと数分で、サトウキビ畑が途切れ、籔が広がる。巨大なバッタが飛び交う中、小川のせせらぎに誘われるように茂みを進むと、巨大な自然洞穴が現れた。そこがシムクガマだった。シムクとは、「下向く」という意味だそうだ。

こちらの洞穴に避難したおよそ一〇〇〇人の住民も米軍上陸当初、混乱に陥ったが、ハワイに居住経験があったふたりの住民が「アメリカ人は人を殺さない（アメリカーガー、チュヤクルサンドー）」と説き、その言葉に従い全員投降。被害

シムクガマ

者が出なかったというのだ。

シムクガマにもし居住経験者がいなかったらどうなっていたのか。「鬼畜米英」のスローガンを使った日本軍の情報操作の罪深さを痛感した。

4―2　浦添グスク＝前田高地＝ハクソー・リッジ

琉球王国時代のものを中心に、漆器にこだわったコレクションを誇るのが、浦添市美術館だ。学芸員の金城聡子さんにお宝の数々を見せていただき、古の芸術を堪能したのだが、その後の応接室の雑談で金城さんは、思いがけない方向に話の舵を切った。

「皆さん沖縄の南部が激戦地だということは知っておられると思います。でも、この美術館の近くでは凄まじい数の方々が犠牲になっているんです」

「住民のふたりにひとり近くが亡くなっています」

ドリルで胸を突かれたような痛みが走った。全く考えてもみなかったことだった。

「すぐ近くに浦添グスクがあるので、行ってみてください。そのあたりは戦時中、前田高地と呼ばれていたんですよ」

激戦地として前田高地の名は聞いたことがあったが、それが浦添グスクとイコールであることを初めて知った。さらに……。

「前田高地はアメリカではハクソーリッジと呼ばれているんです」

つまり。浦添グスク＝前田高地＝ハクソー・リッジ。そこでの日米の戦いは、数年前にメル・ギブソンが映画化していることも、金城さんは教えてくれた。

取材を終えて、美術館を出ると、周囲はきれいに整備され、散策やピクニックにもってこいの緑地が広がっていて、悲しい過去を微塵も感じることはできなかった。しかし、浦添市のホームページをあたると、当時の浦添村では〈住民の四四・六％にもおよぶ四一一二人が死亡。一家全滅率も二二・六％という状況〉と記されていた。

米軍側はどうだったのか。「ハクソー（hacksaw）」は弓状のノコギリ〝弓のこ〟で、「リッジ（ridge）」は崖だ。切り立ったノコギリのような崖は、ハシゴを掛けて進軍するしかなく、戦車などを使うのは不可能だった。そのため壮絶な肉弾戦となり、参戦した米兵たちは「ありったけの地獄を一つにまとめた」とこの戦闘を振りかえっている。この戦いでアメリカ側も膨大な犠牲を出した。

数日後の休日、朝から降り続く激しい雨音を聴きながら、Netfrixで『ハクソー・リッジ』を視聴した。実話に基づいた作品で、主人公のデスモンドは、熱心なキリスト教徒である。従軍したものの、「汝、殺すなかれ」という聖書の言葉に従う「良心的兵役忌避者」だった。沖縄戦に送り込まれ、配置されたのがハクソー・リッジ。しかし激戦のさなかも決して銃は手にせず、丸腰のまま七二人の怪我人の命を救った。そこには日本兵も含まれていたという。

その事実の重みに心動かされたが、同時にぼくが思い描いたのは、数年前にこの世を去った父親の最期である。熱心なカトリック教徒だった父は、戦時中、学徒動員を受け、マレー半島にある海岸線の街の守備隊所属の軍曹になった。彼が元気だった頃、戦争体験を何度も質したのだが、「戦線は平穏で、海を眺めるだけののんびりした日々だった」としかこたえず、それ以上の会話が続かなかった。だが、父の左手の薬指は欠損しており、おかしいと思ったのだが、その理由は「銃の手入れ中に暴発した」とのことだった。

しかし……。死を前にして、父は、「俺は悪い男だ」と繰り返しつぶやくようになった。そして病室に来た神父を前にこんな告白をした。

父の所属する大隊が、英国軍と戦闘になり、その中で相手の兵士をあやめてしまった、と。大隊と前提していたが、おそらく、父自身がそこに大きく絡んでいることは間違いなさそうだった。

「だから、私は天国に行くことができない。私は悪い男です」

のんびりと海を眺める日々だったのではないのか。

ぼくは、それまで父が話していた事とまるで逆の内容に動転した。母ですら聞いたことのない話だった。父は七〇年以上、この苦しみを誰にも語らず胸の内にしまいこんでいたのである。長い時間をかけても心の中に癒すことの出来ない傷を作り出す戦争の酷さを痛感したのだった。この告白の三日後に父は他界した。

作品を観ながら、父はデズモンドと同じような「戦略」を本当は選択したかったんだと心底思った。そして、映画に描かれている惨状が他人事には思えなくなっていた。

窓の外は、激しい雨が続いていた。天気はどうあれ、前田高地＝ハクソー・リッジに行かないといけないと思った。

雷鳴の轟く中、国道三三〇号を走り、前田高地＝ハクソー・リッジを目指した。

荒天ゆえに、最寄りの駐車場にあった車は二台だけ。いずれも米軍関係者であることをしめすYナンバーだった。

現場は、切り立った崖だった。見おろすと、スパッと豆腐を切ったように、数十メートル下の地面が何の障壁もなく見えた。米軍が「弓のこのような崖」と名付けた由縁がわかる気がした。

心を落ち着かせようと、深呼吸をする。ここで日米両軍が激しい攻防を繰り広げた。そして、その裏側で人道的な動きもあった。でも、その事実は、なかなかリアルな像にはならない。

若い米兵と、ガールフレンドとおぼしき二人組が、近くにたたずんでいた。話し掛けると、女の子は「映画を見たので、それで現場を見にきた。イトワズグッムービー」。男の子は、アメリカンネイティブのような顔立ちでまだまだあどけない。「オレはマリーン（海兵隊員）なんだ。映画はまだ見てない」。そう言うと、ぼくから顔をそらした。

降り続いていた雨はいつの間にやんでいたが、あいかわらず雷の音が響いている。かつてこの地に降り注いだ艦砲もこんな音だったのかもしれない。否、もっと激しかったに違いないと思うと、急に恐怖感が襲いかかってきた。

突如、厚い雲が一掃され、遠くまでパノラマが広がった。その一望にはっとさせられた。かつて米軍が上陸し、進軍した道のりがはっきりと見えたからだ。遥か遠くに白い波頭が寄せる海岸は、上陸地点の北谷、嘉手納と読谷の浜。その手前に延びる緑の稜線は、最初の日米攻防の地、嘉数高地。そしてぼくがいるのがその次の激戦地である前田高地……。まさにこの光景の中で人々が命を奪い合っていたのである。

真ん中に堂々と長く伸びているのは一本の太い滑走路だった。米海兵隊普天間飛行場である。

戦争はほんとうに終わったのだろうか。ぼくには灰色にのびる滑走路が、七十数年たっても消えないノコギリがつけた傷のように見えて仕方なかった。

前田高地＝ハクソー・リッジからの眺め

4―3　相思樹のざわめき

梅雨があけたばかりの沖縄島は、まばゆい陽光につつまれていた。

慰霊の日からちょうど一週間後の六月終わり、来沖中の俳優・古舘寛治夫妻と向かったのは、南部糸満市にあるひめゆり平和祈念資料館だ。

前夜のゆいレール安里駅前にあるヒージャー（山羊料理）店での会話がきっかけだった。

「行きたい場所があるんです」

泡盛でちょっと上気した古舘さんは、こう続けた。「ひめゆり祈念資料館に」。

「ひめゆり」とは、戦前にあった沖縄師範学校女子部（女師）、沖縄県立第一高等女学校（一高女）というふたつの学校の愛称である。沖縄戦では、二四〇人の生徒と教師が陸軍病院に動員され、のちに「ひめゆり学徒隊」と呼ばれるようになった。奇しくも、ヒージャー店は、かつて「ひめゆり」の学舎があった場所に戦後開業した店だった。そんな奇縁も後押しする形となり、ぼくたちは南部へと向かったのである。

南風原界隈に差し掛かった時、ひとつの看板が目に飛び込んできた。「沖縄陸軍病院壕」。まさに、ひめゆりの少女たちが沖縄戦緒戦に働いた場所である。急遽、ぼくたちはその地を訪ねることにした。

亜熱帯の植物が茂る黄金森《クガニムイ》という丘陵に掘られた四〇近くの壕が現場だった。

そもそも、どのような経緯で、壕が病院となったのか。

沖縄戦の前年六月、沖縄陸軍病院は、那覇市内で外科、内科、伝染病科の三部門で活動を開始した。しかし、十・十空襲で焼失し、南風原の国民学校校舎に移転する。翌年の三月下旬、米軍の艦砲射撃の激化で今度は校舎が砲弾にさらされたため、すでに掘られていた黄金森の各壕に病院機能が分散されたのだ。

軍医、看護師、衛生兵らに加え、ひめゆり学徒二二二人と引率教師一八人が「看護補助要員」として動員された。四月一日、米軍が沖縄に上陸すると外傷患者が激増、病院は外科機能を強化、それまでの外科は第一外科、内科は第二外科、伝染病科は第三外科と改称された。

第二外科の中心的な壕「20号壕」が保存状態がよく、一般公開されている。長さ約七〇メートルの壕は高さ横幅とも一・八メートルと狭く、入った途端に息苦しさを覚える。入り口付近の木柱は米軍の火炎放射器に晒され、黒く焦げ落ちていた。手掘りの壕だけに、ツルハシの跡が壁全

沖縄陸軍病院 20 号壕入口

体に生々しく刻まれている。

戦のさなか、壕の周囲は砲弾が飛びかい、続々と負傷兵が送り込まれてきたという。少女たちの任務は、患者の飲食事の世話、包帯交換、そして糞尿の片付けなど。横臥はできず、立座のまま仮眠をとったという。患者の多くは十分な治療も受けられず、次々と死んでいき、少女たちは、その死体処理もした。

五月下旬、戦局が悪化し、南風原に留まるのは困難になり、撤退命令がくだされた。壕から動けない重症患者には青酸カリを混ぜたミルクを飲ませ、自決の強要もあったとされる。

わずか二〇分ほどの滞在だったが、ぼくは激しい疲労を感じていた。それでも我々は、さらにひめゆりの少女の足跡を追うために、彼女たちが撤退した場所へと向かった。


南部への撤退後、陸軍病院は糸満の伊原一帯にあった六つの壕に分散した。ひめゆり平和祈念資料館は、そのひとつ、伊原第三外科の横に作られたものだった。

館に入ると、明るい絵が目に飛び込んできた。少女たちの登校風景を描いたパステル画だが、両側に繁茂する大樹の並木の緑が瑞々しい。「相思樹《そうしじゅ》」だった。もともとフィリピンや台湾の原産で、柳のような清涼感のある葉が特徴だ。初夏には黄色い小花が咲き乱れ、落ちた花が登校路に絨毯のように広がったという。

最初の部屋に展示されていたのは、戦争が始まる前の学窓のスナップの数々だ。各人各様あふれんばかりの笑みを浮かべた少女のグループショットが眩しい。

次の部屋にあったのは、壕に残されていた遺留品だった。当初、看護補助の仕事は病院勤務ゆえ、少女たちは、攻撃されるなど予測していなかったという。そのため勉強道具や身なりを整えるための手鏡などを持参していた。定期入れまであったのだが、戦場では決して使われることはなかった品々を目の当たりにし、奪われた青春の時の重みを痛切に感じた。

最後の部屋の壁一体を飾るのは、おびただしい数の遺影だった。最初の部屋の集合写真が一気に細分化され、あどけない表情の少女たち一人一人の写真が並ぶ。二四〇人のうち一三六人が亡くなった過酷な現実が鋭く突きつけられる。

館には美しく哀しい旋律が流れていた。「別れの曲」だった。沖縄戦の前年、詩人で陸軍少尉の太田博が書いた詩「想思樹の歌」に、少女たちの音楽教師の東風平《こちんだ》恵位《けいい》が曲をつけた。歌詞の冒頭で校門の並木道を活写している。「別れの曲」は、一九四五年の卒業式で斉唱されるはずだったが、戦争の開始で歌われずに終わった。ちなみに吉永小百合主演の『あゝひめゆりの塔』でも「別れの曲」は大事なモチーフとして奏でられている。

古舘さんは、帰りの車のなかで窓外の風景を見ながら、こんな風に語った。

「戦争を振り返り犠牲となった人々を悼む慰霊施設と、戦争するための基地が大量に混在させられている沖縄。その耐え難い矛盾に目眩がしますね」

翌日。ぼくはあらためて那覇市安里の「ひめゆり」跡地を訪ねた。その大半が栄町市場と社交街、そしてスーパーマーケットに変容していたが、一画にある小学校に大樹が茂っているのを見つけた。姿形が相思樹によく似ていた。木々は、風に揺られ、子どもたちの笑い声につつまれながら静かなざわめきをたてていた。

4―4　絶景の岬にて

岩に打ちつけられる波音が、風の音とともに足下の海から響いてくる。吸い込まれそうな紺碧の空が頭上に広がり、太平洋と東シナ海の境界線を抱く大海が、陽光を受け銀色にきらめく。一八〇度のパノラマはまさに絶景だった。しかし、それだけを味わうだけですまされる場所ではなかった。崖の縁のギリギリまで身を乗り出して見おろすと、波が引くたびに荒々しい岩肌が剥きだしになった海面まで遮るものはなく、三〇メートルほどはあろう落差に否応なく恐怖がわきあがる。ぼくは、かつて番組ロケのために赴いたサイパン島のマッピ岬（プンタン平原）の光景を思い浮かべていた。「バンザイクリフ」として知られるその場所同様に、ここはおびただしい人々の血を吸った場所といわれている。

喜屋武岬。

沖縄に暮らすようになってから沖縄島の南端に位置するこの場所に来る機会は多々あったのだ

が、ぼくはそれをあえて避けてきていた。そこに横たわる歴史の重さに自分が耐えられないような気がしていたのだ。

訪問の端緒はありふれたランチミーティングだった。

糸満市名城海岸沿いにあるレストランで来沖した先輩との打ち合わせを終え車を走らせると、ほどなく立ちあらわれたのが喜屋武岬の方向を指し示す看板だった。

時間はあった。これ以上素通りは許されないと感じた。

何度か道に迷った末に現場に到着。岬の周辺は公園状に整備されていて、若い男性がふたり、家族連れが一組、夕景を楽しんでいた。あたりを逍遥すると、地面に笑顔イラストの可愛らしいパネルが埋め込まれているのに気づく。糸満市が設置したもので、「笑って生きてくれている。それが家族や友人の願いです。いのちをたいせつに」とメッセージが書かれている。ここがどのような場所なのかを瞬時に思い知らされた。

海を背負うように、沖縄戦の「平和の塔」があった。碑文によると、第六二師団が戦い続けたのがこの地域で、四五年の六月二二日、打つ手をなくした師団長と幹部が自決した。不詳だ

喜屋武岬

が、司令塔を失った将兵たちもこの地で「玉砕」を遂げたという。

軍人だけではなかった。軍とともに南部への逃避行を続けた多くの沖縄県民も追い込まれ、逃げ場を失い、この岬で身投げをしたとされる（ただし、その実態は不明である）。慰霊の碑の下には、周囲で拾われた一万もの犠牲者の遺骨がおさめられていることもわかった。

この日は二月というのに、夕方になってもポカポカとした陽気だった。絶景の美しさとのどかな空気とうらはらの重く悲しい歴史をつきつけられ、ぼくは海に向かって手を合わせるしかなかった。


喜屋武岬から那覇に戻った翌日、一本の番組を見た。一九七九年に日本テレビで作られた『ひめゆり戦史～いま問う国家と教育』である。ディレクターは、沖縄を拠点に、様々な問題を見つめ続けてきた森口豁《かつ》さんだ。

ひめゆり学徒隊がなぜ組織されたのか、そして彼女たちの心中はいかなるものだったのかを深掘りし、タイトル通り戦時下の「国家」と「教育」との密接な関係を考察した。どんな思いで制作したのかを、八四歳になる森口さんに聞いてみた。

「三三回忌（一九七七年）が終わったあと、それまでは慰霊が中心だったけど、風向きが変わっていました。生き残った生徒から聞こえてきたあらたな声がありました。自分たちの行動の是非を問うようになっていたんです。軍や校長への批判の声もあがり始めた。ほとんどが軍による解散命令のあとで亡くなった。ということは、使い捨てですよ。だからぼくも、みなさんがなんであんな死に方をしないといけなかったかをテーマにしようとしたんです」

番組に、元ひめゆり学徒隊員たちが、海が見える丘陵地を歩くシーンが映し出された。表示されたテロップに、ぼくは電気に打たれたような心持ちになった。思い掛けずも、喜屋武岬だった。

学徒隊生存者のひとりが、呟くように語る。

「ここは壕を脱出した学友や先生たちが行き場を失い、敵弾に倒れ、自ら命を絶っていった、悲しい場所です」

前述したように、女子学徒たちの大半が命を落としたのは、突然出された解散命令のあとのことだった。なすすべなどなく、逃げ場も失った彼女たちの多くが向かったのが喜屋武岬だった。

岬には小さいながらも、ひめゆり学徒隊員の墓があり、生存者たちは、そこに花を手向けていた。

そして声をそろえたのが唱歌「ふるさと」だった。自決する前に仲間が歌ったのだという。

死を前にした若い命が、最後に抱いたノスタルジア。心が震えずにはいられなかった。

ぼくはテレビモニターを見つめながら記憶にまだあらたな海の青さと風音を重ねあわせていた。

4―5　ひめゆりだけではない

某日、ひめゆりの塔に赴いたあと、すぐ脇にある地図看板に目を転じて、ハッとさせられた。

白梅（第二高等女学校）、梯梧《でいご》（昭和高女）、ずゐせん（首里高等女学校）……。周辺エリアに、女学校の碑が点在していることが示されていた。沖縄戦で命を落とした女子学徒の慰霊碑だった。

ひめゆり学徒隊は、何度か映画化、テレビ番組化され、多くの書籍も出て、ひめゆりの塔は沖縄戦のシンボル的なモニュメントとなっているが、戦場で看護にあたった女子学徒は、彼女たちだけではなかった。前記の学校以外にも、積徳（積徳高女）、なごらん（第三高等女学校）など沖縄県内各地の女学生たちが動員され、多くの命が奪われていた。

突如激しい雨が降り出したため、那覇に向けて車を発進させたのだが、国道に出たところで、ひとつの標識が出現した。「白梅之塔」。第二高等女学校・白梅学徒看護隊の慰霊碑に違いない。実は、これまで幾度となく見ていた標識で、深くとらえずスルーしてきたが、もうこれ以上、素通りは許されなかった。

途上、真栄里地区に米軍の司令官バックナー中将の碑があった。この場所で沖縄戦の最末期に亡くなったのだという。戦争が彼我を超えて惨禍をもたらすことをあらためて感じた。

白梅之塔に確実に近づいていたのだが、急に案内標識がなくなってしまい、迷ってしまった。訪問者がさほど多くないことの証左かもしれない。

ようやく現場に到着し車を降りると、高い音色の鳥の鳴き声が耳に涼やかに響き、タンタンタンと地面をプレスする重機の音が遠方からかすかに聞こえていた。カタブイで湿った土の匂いが鼻腔にひろがった。

慰霊碑は高さ五メートルほどのセメントづくりの立派なものである。白梅学徒隊員と戦争で落命した女子学生と教師たち一四七柱の鎮魂を祈念したものだった。

補助看護婦として四年生・五六人が第二四師団の衛生看護教育隊に入隊したのは、沖縄戦を目前にひかえた三月六日。米軍の艦砲射撃が激しくなった二四日から東風平町八重瀬岳の第一野戦病院に軍属として配置され、傷病兵の看護に専念した。

戦況は刻々と悪化、六月四日、白梅学徒隊に解散命令がくだり、少女たちは散り散りとなる。ひめゆりも同様だが、多くの犠牲は、解散後に起きていた。戦火に斃《たお》れた女学生たちの落命場所はほとんど不明だという。生き残った白梅隊員の一部は、糸満の真栄里地区に後退した第一野戦病院に再合流したが、六月二一、二二日の両日、米軍の猛攻撃を受けた。

塔がつくられたのは、もっとも犠牲者が多かった第一野戦病院の跡地だった。

白梅之塔

別日、赴いたのが、私立昭和高等女学校の慰霊碑「梯梧之塔」である。携帯のマップで検索すると、ひめゆりの塔の真横と出た。しかし、そこにあったのは大きな土産品店だったので一瞬混乱したが、その奥の駐車場のさらに奥の茂みの一画に碑は建立されていた。しばらくの間、訪れた人はいなかったようで、敷地には落ち葉がたまっていた。

英語教育、和英文のタイピング、簿記、そろばんなどの商業教育を特色とした学校だったが、沖縄戦で一七人が看護要員として動員され、九人が亡くなった。

土産品店に立ちよると、店主が梯梧隊の関連記事のコピーをくれ、今も、元学徒で生存者がふたりいると教えてくれた。

しかし、連絡をとろうとしたのだが、ふたりとも高齢で面会して話ができる状態ではなかった。

首里高等女学校の「ずゐせんの塔」もひめゆりの塔の近隣だった。ずゐせん学徒たちは、浦添から首里、摩文仁へと退却しながら負傷兵の看護を続けたという。犠牲となったのは三〇人あまりだが、多くは塔の立つ米須、伊原一帯で戦火に巻き込まれた。

ぼくが沖縄に来てからも、ひめゆり学徒隊の宮良ルリさん、本村つるさん、白梅学徒隊の中山きくさん、なごらん学徒隊の上原米子さんらが亡くなった。梯梧部隊の生存者のうち、上原ハツ子さんの訃報が本著執筆の最終段階で寄せられた。その直後、白梅同窓会の解散が発表された。元隊員たちの生の声が聞けるのはもはや限られた時間に違いなく、ぼくは焦りを感じながら、広く女子学徒隊の戦争を見つめないといけないと思っている。

4—6　やきーぬ島々

「沖縄戦というと沖縄島の地上戦を思い浮かべると思いますが、実は私の故郷では、人々が長年苦しめられた〝もうひとつの沖縄戦〟があったんです」

そう語るのは、石垣島出身のテレビキャスター内原早紀子さんだ。

はたして、〝もうひとつの沖縄戦〟とは何なのか。コロナでなかなか行けなかった石垣島に赴いたのは二〇二一年の暮れだが、そこでぼくが直面したのは、まさに内原さんが語る〝もうひとつの沖縄戦〟の実態だった。

高台のバンナ公園のなかに「八重山戦争マラリア犠牲者慰霊之碑」はあった。碑に附された説明文で、日本軍が作戦の都合で八重山の人々を未開のジャングルに強制疎開させていた史実を知る。石垣島では於茂登《おもと》岳やバンナ岳などの山間部に、波照間島、黒島、鳩間島、竹富島、新城島の住民は西表島の密林に……。そこで待ち受けていたのは、悲惨な疫病だった。

マラリアである。

八重山の島々は古くから「やきーぬ島」と呼ばれていた。やきーとは「焼けるほど熱い」という意味で、熱病マラリアの蔓延を隠喩しての表現である。

疎開させられた密林には、マラリアを持ったハマダラ蚊が大量に発生していた。本人も戦時中にマラリアに罹患した石垣住民の潮平正道さんは、ＮＨＫの番組でこう語っている。

「山に行くと確実にマラリアにかかっていくのがわかっているものの、仕方がなく来ているんですよ。軍の絶対命令だから行かざるを得なかった。隣にいる人がマラリアにかかってどんどん死んでいく。いつ自分に来るのか目に見えているわけですよ。そういうマラリア地獄のなかで生きている感じですよね」

日本軍は、密林がマラリアの危険が高いことをどうやら事前に把握していたらしい。戦争遂行のために、人の命を軽々しくあつかった日本軍の愚策には憤りをおぼえる。戦時中に八重山の人口の一〇パーセントにのぼる三六〇〇人あまりが落命した。

戦後も島々からマラリアがなくなったわけではなかった。故郷のマラリアの実態解明をライフワークとして取り組んできた内原さんは、こう教えてくれた。

「戦後も長らく八重山はマラリアに苦しめられました。終息したと思えば、また患者は増加……。その繰り返しでした。しかし、米軍や保健所が研究を重ね、さらには官民一体となった対策によって、ようやく一九六二年に終息したのです。だからそんな遠い日のことではないんです」

あとになり、この八重山のマラリア撲滅に医介輔だった内原さんの曽祖父が深く関与していたことを知る。島のいたる所に輝く海と自然が広がり、観光地として広く知られるようになった石垣島。その背景には、島の発展を願い決して諦めずマラリアに挑み続けた先人たちがいたのだ。

4―7　ジャングルの中の炭鉱

ぼくが石垣からフェリーで渡ったのが西表島だ。家族とともに世界自然遺産を満喫しようという安易な気持ちだった。

山々にかぶさるような鬱蒼《うっそう》とした木々、湾から川に沿って豊かに生い茂るマングローブ。濃い緑が島全体を覆い尽くしている印象だ。ヤマネコを轢かないように低速で車を走らせたのだが、窓を全開にすると、強烈な土と緑の匂いが鼻孔に入り込み、奥底で広がっていく。

ああ、気持ちいい。全身の細胞が騒ぎ出すのがわかる。

水牛車で海を渡るツアーを楽しんだあと、さらにこの島ならではの大自然を堪能するアクティビティを続けた。マングローブにかこまれた川面をすべるようにカヤックで進み、険しい崖をのぼり、ピナイサーラの滝の頂上に達したが、そこからのパノラマはまさに絶景だった。

そんなリゾート気分にひたっている時、脳裏にふと浮かびあがってきたのは、職場の同僚からのひとことだった。

「西表に行くのなら、炭坑跡地は見たほうがいいですよ」

恥をさらすようだが、これまで筑豊や三池の歴史に触れる番組や炭鉱画家山本作兵衛の特集などを手掛けてきたにもかかわらず、西表に炭鉱があったことは沖縄に赴任するまで知らないでいた。

調べてみると、沖縄県内で唯一である西表島の炭坑は、明治の中頃（一八八六年）に大手商社が開発に乗り出して採掘が始まり、沖縄戦後も米軍統治下で数年間続いた長い歴史を持っていた。いくつか点在していた炭坑のうち、昭和期を代表するものが宇多良《うたら》炭坑で、マングローブツアーを堪能した翌日、その跡地に行くことにした。

入り口は、観光スポットとして知られる浦内川の船着場付近で、ジャングルの中の道を辿っていくと、二〇分ほどで巨大なガジュマルに抱きかかえられるように座するレンガ造りの遺物に遭遇する。かつてトロッコのレールがここまで延びていたのだが、それを支えた礎石のようだ。何の用途か不明だが、コンクリートで作られた立方体の建物も残されていた。

宇多良に炭層が見つかったのは、一九三五年のこと。数百人の坑夫が、昼夜分かたず働いていたというが、彼らの多くが斡旋人の口車に乗せられ、九州などの産炭地から集まった一攫《いっかく》千金を夢見た者たちだった。朝鮮半島出身者や台湾出身者も多くいた。食堂や売店、そして宿泊所など様々な施設がつくられた。三〇〇人収容できる芝居小屋もあり、まさにひとつの町のようだったという。あたりには坑夫たちが飲んだものなのか、ビールの

ガジュマルに抱きかかえられた遺構

空き瓶のようなものが大量に転がっていた。

ジャングルを切り開いた場所だけあって、ここでも猛威をふるったのがマラリアだった。戦争が始まると、島外への石炭輸送が困難となり閉山となる。命短く、わずか一三年の操業期間だった。

森林浴ができそうなほど空気は澄んでいた。それだけに八〇年前までそこに確実にあった過酷な労働と病理の歴史を想起することは容易ではなかった。

その後、古塚さんから、西表炭坑で横行していた私的制裁や重労働の悲惨さを聞いた。大自然の素晴らしさだけではない、西表の歴史の重みにぼくもしっかりと踏み込んでいかないとならぬと思っている。

4—8 知られざる宮古の戦争

沖縄に暮らすようになったものの、コロナ禍もあり、なかなか赴くことができなかったのが宮古島だった。夏休み旅行という形でようやく願いがかなった。

妻と一緒だったため、取材はしないつもりだった。しかし、島内の観光地を巡っているさなかに、たまたま見かけた案内表示が運命を変えた。

国立療養所 宮古南静園ハンセン病歴史資料館。

ハッとした。沖縄県にはハンセン病の施設がふたつあるのだが、そのひとつが宮古島にあることを遅ればせながら思い出したのである。妻の同意を得て、園に向けてハンドルを切った。

入口は高台で、全体を眺望することができた。青く輝く海と真っ白な砂地に接した南静園は、何も知らないまま見ると、リゾート施設と見間違えてしまいそうである。この園がどのような歴史を重ねてきたのか、まばゆいばかりの南国の光景から察することは困難だ。

資料館はこじんまりとしていたが、大事な歴史を伝える貴重な場所だった。

宮古島に最初のハンセン病施設・県立宮古保養院ができたのは、一九三一年。背景にあったのは、同じ年に政府が制定した「癩《らい》予防法」だ。全国各地で患者たちの強制隔離政策が進められ、宮古保養院にも地元の一五人が入所した。

太平洋戦争開戦の年に国立療養所宮古南静園となったが、この頃政府は「健民健兵」政策を実施し富国強兵を進める一方で、ハンセン病を「国恥病」とし、患者を死ぬまで療養所に閉じこめる強制隔離を推進する。この流れは沖縄県が掲げていた「無らい県運動」と呼応、自治体に浸透し、宮古でも行政が警察署

国立療養所宮古南静園

と組み一斉検診を実施し、入所者は一気に三〇〇人近くまで増加した。

施設の管理体制は一段と厳しくなり、園の周囲には有刺鉄線が張られ、患者の人権や自由はまったくなくなったという。入所者たちは、園内の整地作業などの強制労働をしいられた。園の規律に反したものは、容赦なく罰せられた。資料館内に、当時使われていた監禁室が再現されており、ぼくも実際に入ってみたが、光がほとんど入らない牢獄以下の悪環境で、わずか一分ほどの滞在で絶望的な気持ちに陥った。

入所者たちは、強制労働や監禁の他にも断種や堕胎などの人権侵害も受けた。

年表をじっと見ていた妻が指摘をした。

「一九四五年だけで入所者が一〇〇人以上亡くなっているよ。これはなんかあったに違いないよね」

一九四五年＝沖縄戦の年。宮古で何が起きていたのか。那覇に戻ったぼくは、ひとりの女性と面会した。市民団体代表として長く宮古島の戦争体験者の聞きとりを続けてきた亀濱玲子《かめはまれいこ》さんだ。

「宮古は犠牲になる定めの島でした」

亀濱さんはこちらの不意をつく強烈な言葉で話し始めた。

「米軍をここで食い止めるように、日本軍は多数の兵力を配備したのです。地上戦がなかったから、戦争がなかったわけではない。日本軍を狙った空爆がたくさんあった島なんです」

沖縄戦というと、どうしても沖縄島の第三二軍に頭が行きがちだが、日本軍は米軍上陸を想定し宮古諸島にもおよそ三万の兵力を配備していたのだ。ちなみに当時、宮古の人口は六万だったが、台湾や九州への疎開でおよそ一万の住民が島を離れていた。

国民学校など公的施設だけでなく民家なども陸軍病院や兵舎に接収された。島に残った人々は老若男女問わずに動員され、三カ所の飛行場建設に従事させられたという。

そのような中、南静園は軍の施設と間違えられ。幾度となく空爆を受けていた。

その頃のことを知る人がいないかを亀濱さんに問うと、こう教えてくれた。

「園で戦争に直面した人が今も元気です。当時小学生でたいへんな経験をされた方です」

ぼくはふたたび宮古へと向かい、南静園を訪ねた。会うことができたのは、もと入所者の上里栄さん八八歳だ。

「空爆を受け、園は壊滅状態になり、かろうじて使える施設は、兵隊が来て、『仕事の邪魔だ』とぼくたちを追い出しました。園の中にいられたら雨露をしのげたし、空いている場所で野菜も植えられた。栄養失調で死ぬことは少

宮古島の海軍特攻艇格納秘匿壕

なかったと思います」

さらに職員たちが園から逃げてしまったため、入所者たちは、園の近くにある自然壕などで自活を強いられることになった。治療はストップし、多くの人たちが病気を悪化させた。食料は確保できず、餓死者も出た。さらにはマラリアが蔓延、上里さんも罹患し生死の境を彷徨《さまよ》ったという。治療薬もなく、ただただ布団にくるまって震える日々だった。

「たまたま同じ郷里の夫婦が面倒を見てくれました。食料もあたえてくれた。そうでなかったら確実に死んでいましたね」

上里さんを含め未就学児、小学生は二四人入所していたが、そのうち一六人が亡くなった。あまりにも悲惨な実態である。こうして、戦時中に入所者の三分の一以上の一一〇人（一説に一一五人）もの尊い命が奪われたのだ。

4―9　愛楽園の戦争

愛楽園の戦争はいかなるものだったのか。

宮古島の南静園の戦時下の実情を知ったあと、沖縄にあるもうひとつの国立ハンセン病療養所の戦争を是が非でも見つめないといけないと思った。

那覇からやんばる方向に車を走らせ二時間あまりで、美しい海に囲まれた屋我地島《やがじ》に到達する。サトウキビ畑が広がる島の北端に愛楽園はあった。敷地は南静園より広く、現在は一〇〇人ほどのハンセン病回復者が暮らしているという。

施設を案内してくれたのは、沖縄愛楽園自治会が運営する資料館、交流会館の学芸員の辻央《あきら》さんである。

「愛楽園の歴史は、まさに沖縄が置かれた近現代と相似形です。つまり、沖縄戦を真ん中に、その前後に広がります」

さっそく交流会館資料室の常設展示室を案内してくれたが、そこでぼくは南静園同様に、ハンセン病を抱えた人たちの戦時下の苦しみを知る。

施設ができたのは、日中戦争勃発の翌年、一九三八年のこと。沖縄はハンセン病患者が多く、開園以来、定員オーバーの状態が続いたという。

第三二軍が沖縄に駐留するようになると、軍が力を入れたのがハンセン病患者の収容だった。当時、沖縄島では愛楽園に入所せず、家の裏や家畜小屋などに暮らす在宅の患者も多かったという。

「それまでほとんど日本軍の施設がなかった沖縄に第三二軍が駐屯し、戦争準備を始めましたが、軍の使用する場所と住民の区域を明確に分けることができませんでした。施設が足りない日本軍は、一般の民家や、公民館なども利用しましたし、飛行場建設で不足する労働力を補うために住民が動員されたため民間人との接触がかなりありました。そんな状況下で軍は将兵に病気が感染するのを恐れたのです」

当時の患者の証言をみると、時には武力をちらつかせての強制的な収容もあったようだ。軍に全面協力したのが「本島だけでも無らいの島をつくってみたい」と考えていた、早田園長だった。かくして四五〇人定員のところ、九一三人の患者が隔離されるようになった。

「国の予算をもとに定員が決められています。つまり、定員の倍になると食事の量も半分になる。戦争準備が進む中で医療物資も不足していて、十分な医療が受けられませんでした」

軍が患者たちを強制収容するのを目の当たりにした沖縄の人たちは、ハンセン病が恐ろしいものという認識を深めてしまったという。

資料館の展示で、何よりも目を奪われたのが、壁に貼り出されたおびただしい数の名前だった。その数、二八九人。沖縄戦での戦死、戦争関連死した人たちだった。じつに入所者の三分の一にのぼる。米軍の攻撃の熾烈さを思ったのだが……辻さんは、思わぬことを語った。

「米軍の空襲で被弾し、亡くなったのは、ひとりだけです」

愛楽園が直接の戦争に直面したのが、一九四四年一〇月一〇日の十・十空襲だった。朝八時過ぎから実に七時間あまり空襲が続き、七二棟の建物のうち、治療室や寮舎など二六棟が全壊焼失した。被害を受けなかったのは、数棟だけだったという。以後、八度にわたって空爆を受けた。米軍が作った戦略地図の一枚に、愛楽園のところに「barrack」と書かれていて、日本軍の施設と間違えられていたことがうかがえる。

いかにして入所者たちは、空襲を免れたのか。そして、なぜこれだけの数の犠牲者を出したのか。ぼくの胸中の疑問を察したかのように辻さんは、こう語った。

「空襲を凌げたのは、文字通り命や体を削って在園者が園内に多くの防空壕を掘ったからです」

そして、こう続けた。

「早田壕を見に行きましょう」

誘ってくれたのは、園の一画にある丘陵地だったが、その崖にはいくつもの横穴があった。

「全部、入所者が手作業で掘った防空壕です」

米軍の空襲が本格的に始まる前に、園長の早田は、症状の軽い入所者に横穴の壕の掘削を負わせた。作業は昼夜を問わずに行われたという。

「ここは海が隆起した地層で、たくさんの貝殻の化石が埋まっています。当時は、有効な治療薬もなく、多くの人が末梢神経障がいを抱えていました。末梢神経の麻痺で怪我をしても痛みを感じにくい人もいます。傷の発見が遅れ、気づいた時には、化膿がすすんで、指や足の切断に至った人もいました。この労働で、重い身体障がいを抱えることになった人も多いのです」

丘の一部が戦後崩されたため、往年の状態そのものではないが、今も生々しく戦時の面影をとどめていた。

中に入ると、通路があり、いくつかの部屋が併設されていた。かつては貫通壕が三本、約五〇もの入り口があったという。壁には、ツルハシの跡が残され、南風原の「20号壕」のように人々の労働の残滓が刻まれていた。海が近いためか、無数の貝殻が表面に露出している。

これらの壕のおかげで入所者たちは、空襲を逃れられたのだが、栄養失調に加えて不衛生な壕生活が長引く中で、病を悪化させたり、アメーバ赤痢やマラリアによる死者が続出したという。かくして二八九人もの貴重な命が奪われたのだった。

米軍が屋我地島に上陸したのは、一九四五年四月二一日だった。米軍は攻撃をやめ、その日が愛楽園にとっての終戦の日となった。

入所者が掘った防空壕・早田壕

4―10 初めて踏み込んだ戦の深部

よく晴れた日曜日、後輩とともに向かったのは、糸満市の平和祈念公園である。沖縄県平和祈念資料館友の会事務局長仲村真さんからもらった一通のメールがきっかけだった。

フィールドワーク『沖縄戦終焉の地　摩文仁丘陵の深部に行く』を企画しました。今まで遺骨収集隊しか入ったことがない場所です。簡単には行けない所です。コース整備が大変なので、これが最後になるかもしれません。

地元の人々、追い詰められた避難民、学徒、日本兵たちが身を潜めたものの、米軍の掃討作戦により数多の犠牲者を出した摩文仁《まぶに》。これまでぼくは、なんども赴いて撮影も繰り返したが、あくまでも整備されていた場所を中心にしたもので奥深くに踏み込むことはなかった。だからこそ、行く必要があると痛感した。むろん、生死の狭間にいた人たちと同じ思いは抱けるはずはないし、追体験なんて甘いものは許されないだろう。それでも、少しでも何かを感じることができるならと思ったのだ。

仲村さんは、平和祈念公園に集まった三〇人ほどの参加者に注意事項を呼びかけていた。「摩文仁の深部に行きます。歩くエリアは、地元では『ハンタ原』と呼ばれています。ハンタとは崖という意味。大怪我をするような場所ですので、十分注意してください」

いきなりのリアルな話に、否応なく身が引き締まる。渡された資料には、「ご遺骨を見つけた場合は収骨せずにスタッフに知らせてください」「戦時中の遺留品、陶器類などは持ち帰らないで、そのままにしておいてください」「コース上で手榴弾など見つけた場合は手を触れずに」などと細かく注意事項が書かれている。踏み入れる地の重さを感じざるを得なかった。

元来、静かな海べりの農村地帯だった摩文仁。米軍の上陸が始まると、地域住民は海岸一帯の自然壕などに避難した。ただ実際には五月三〇日頃までは、摩文仁付近は艦砲射撃もなく静寂をたもっていたという。

大きな転換は、日本軍の作戦だった。首里陥落を目前にした五月二二日、軍は沖縄島最南端の喜屋武半島に後退して戦闘を継続することを決定した。一方で軍首脳は、喜屋武から数キロの摩文仁に司令部を構えることにし、三〇日には牛島司令官らが摩文仁岳に到達した。多くの日本兵が、地域住民が避難する壕に侵入し、軍民雑居の状態となる。これを機に米軍の攻撃が激化、地域住民も容赦ない攻撃の的となったのだ。

仲村さんの先導に従い遊歩道を辿り、ぼくたちが到達したのは、森の中の井戸「チンガー」である。仲村さんの解説がジャングルに響いた。「このあたり一帯で、ここしか飲み水はありませんでした。だから地域住民も日本兵もここに水汲みに来たのです」。

やがてチンガーは米軍に察知され、海上の艦艇から猛烈な攻撃を受けるようになる。あたりは死体の山のようになったが、他に選択肢がないため、人々は死臭ただよう水をそのまま生活の糧としたという。

さらに数分歩き、牛島司令官、長参謀長らが自決した壕に着いたが、そこからがフィールドワークの本番だった。仲村さんは、ヘッドマイクでこう語る。

「これから行くのは、今まで山道もなかった所で、今回のために一時的に整備したものです」

道なき藪の歩行が始まった。トウツルモドキの群生や棘のあるツル性の木が道を塞ぎ、ゆうな（オオハマボウ）の太いツルが絡み合い、進行をさまたげる。やがていくつもの自然壕があらわれた。中に入ると、日本兵が使っていた軍靴の一部や装備品の破片が転がっていた。カビの匂いが鼻をさすようである。

摩文仁の道なき道を進む

このような壕の中で、様々な蛮行があったことを思い返した。泣き声に「出ていけ」と兵に銃を突きつけられた乳飲み子を抱えた母親たちの嘆きや、食糧強奪の諍いの声が聞こえてくるようだ。

ぼくはこの日、靴の選択を間違えて、底の薄いものを履いていた。そのため、剥き出しになった琉球石灰岩の尖った先端がつねに刺さるようで一歩一歩足を踏み出すのが苦痛だった。戦時中、履くものもままならなかった人々はいったいどうしていたのだろう。

別のガマに入ると、骨があった。参加者に戦没者遺骨を発掘・収集するガマフヤー（ガマを掘る人）具志堅隆松さんがいて、こう教えてくれた。

「人骨ですね。親指の下にある部分だと思います」

いまだに残る戦争の傷跡を目のあたりにして心が重くなった。

一九四五年六月二二日、摩文仁岳は制圧され、牛島司令官と長参謀長は翌朝に自決したといわれる。摩文仁の住民の戦没率は、三六・三パーセント、つまり三人に一人以上の人々が亡くなった。

三時間ほどの歩行でようやく目的地の海岸に辿り着いた。岩溝や岩穴が多く散在しており、見上げると海抜六〇メートルの急峻な海食崖がそびえていた。

初めて踏み込んだ摩文仁奥地の戦場。

よく晴れていて、心地よい風が吹いているのだが、ぼくの心を覆っていたのは、一点の思いだけだった。

早く帰りたい。この場を抜け出したい。

わずか三時間弱歩いただけで、こんな気持ちになってし

摩文仁の海岸

まった。ここで苦しい思いをした人たちに申し訳ない気持ちでいっぱいになった。

5

アメリカ世

「あなたの話は、大きく抜け落ちている」

言葉を返せずにいると、「敗戦後の沖縄の歴史を、あなたは語っていない。米軍に支配された二七年間が、あなたの中から抜け落ちている」。

ショッキングな言葉を投げかけたのは、九一歳になるキリスト教牧師の平良修さんだ。

「アメリカの支配のもとで、何が起きたのか。もっと見つめる必要があると思いますよ」

最高権力者の高等弁務官を前にしても、自己の信条を曲げなかった平良さんの鋭い語気に圧倒され、ぼくはただただ頷くしかなかった。

沖縄戦直後から始まった、いわゆる「アメリカ世《ゆー》」は、一九七二年五月一四日まで続いた。沖縄の生活を通して歴史を少しずつであるが体得していく中で、いかにこの重要な時代をぼくがスルーしていたかを様々な局面で痛感している。

調べれば調べるほどアメリカ世は、様々な不条理が起きた異国支配の時代だと思い知らされる。同時に、その暁光は焼け跡の中から沖縄の人々が立ちあがった時期でもあった。沖縄文化の再興から、二七年間の断片を見つめていくことにする。

5—1　沖縄芸能　戦後の出発点

小学校低学年の時、フォークダンスが大好きな先生がいた。先生は、西洋の牧歌的な音楽を流して、年端のいかぬ男子女子たちに手をつながせて踊らせた。ぼくは女の子の手を握るのが恥ずかしくてたまらず、その時間が苦痛だった。

よく使われていたのが、ビートルズの「オブ・ラ・ディ、オブ・ラ・ダ」。だから、今でもこの曲が何かの拍子に流れてくると、酸っぱい恥ずかしさに包まれる。

不謹慎にも沖縄で「組踊」という言葉を最初耳にした際に、まっさきに連想したのがフォークダンスだった。女の子と組みになって手をつないで踊る小学校時代の自分自身がフラッシュバックした。

しかし、目の当たりにした組踊はフォークダンスとはまったく異なるものだった。沖縄に伝わる音楽と舞踊を取り入れた正統的な楽劇で、中国からの冊封使歓待のために創られたのだという。某日、国立劇場おきなわで、作者不詳の一九世紀初頭の作品『久志の若按司《わかあじ》』を観たのだが、立ち方の所作、衣装、地方《じかた》の演奏、その美しいハーモニーにすっかりはまってしまって、それ以来、組踊や沖縄芝居の鑑賞は、大きな楽しみのひとつとなっている。

さて、国立劇場の一画は、展示コーナーになっていて、沖縄芸能を様々な角度で取りあげている。沖縄芝居の歴史を振りかえる「沖縄芝居の歴史」展もそのひとつだった。戦後復興期に沖縄芝居が人々を勇気づけ安寧をもたらしていたことは聞いていたが、敗戦の年末・クリスマスの日の舞台公演が戦後芸能の出発点だったことを初めて知った。そのまま演目を失念したのだが、ぼくはほどなくこのメモリアルな作品と出会うことになる。

「沖縄芝居の歴史」展を見てから一カ月ほどして、ふたたび国立劇場に足を運んだ。鑑賞したのが『花売の縁』という演目だ。

首里の下級士族・森川の子《しー》は、不幸が続き生計が立ちゆかなくなる。そのため、妻の乙樽と幼子・鶴松を首里に残し、単身でやんばるの大宜味へと出稼ぎに出たが、そのまま雲隠れする。一二年の時が過ぎ、良家の乳母として働き安定した生活を得た妻・乙樽は、成長した鶴松を連れて夫探しの旅に出た。

旅の道中、母子は、田港村で花売の商売をする森川の子と再会を果たした。森川の子は、落ちぶれた姿を見られた恥ずかしさに芦屋に隠れたが、妻の説得に心を開き、夫婦、親子の再会を歓び、ともに首里へと戻るのだった……。

哀愁を帯びた三線の音色もあいまって、親子再会のシーンは切なく、心を大きく動かされた。

この『花売の縁』は、歴史的に重要なものだった。偶然というか、これこそが敗戦の年末に石川の小学校校庭で行われたクリスマス演芸会での演目だったのだ。

森川の子を演じたのは、その後、沖縄演劇を代表する役者となる島袋光裕。生き別れていた家族が再会する場面では、満場の観客が自分たちの敗戦直後の境遇と重ねあわせ、涙したといわれている。島袋は「会場からは泣き声も嗚咽も聞こえ」と言い「そんなことは自身の役者人生でこの時が初めてで最後だった」と回顧している。

戦後の沖縄芸能の出発点。そんな大切な作品にたまたま出会えて、ぼくはアタガフーであった。

5―2　偶然の美術村

「この近くは、敗戦直後、米軍のゴミ捨て場になっていた所でした。腹が減っていたぼくは軍が捨てた缶詰などを拾って、半分腐りかけたものとか食いましたね」

元琉球政府裁判官の比嘉正幸さんを首里儀保の家に訪ねたのだが、司法関連のよもやまに区切りがつくと、話は一気に自身の高校時代にタイムスリップした。

「あの頃は、大変だったけど、面白い時代でしたね」

ひょっとして、と思った。

誰からかだったか忘れてしまったが、戦後の沖縄絵画の大いなる出発点がニシムイ（北森、と書く）美術村だと聞いていた。沖縄を代表する洋画家たちが首里の北方の森の一画にアトリエと住居を構え、そこでおもに米兵相手に肖像画などを描き日銭を稼いでいたという。

もしや美術村は、この近くではないか？　ぼくは、比嘉さんに単刀直入に聞いた。

「ニシムイ美術村は近くですか」

すると、比嘉さんはこともなげに、自身の右手をのばし窓のほうに向け、「すぐそこです」。

ビンゴ!! だった。偶然にも美術村は、比嘉邸と目と鼻の先だったのだ。

昼食時に差し掛かったので辞去を告げ、ニシムイを見て帰る旨を伝えると、八八歳の弁護士は立ちあがりながら、「ぼくが案内しますよ」とひとこと。ありがたくご一緒していただくことになった。

逍遥の途上、比嘉さんは、美術村の思い出を語った。

比嘉正幸さん

「戦争が終わってしばらくしたタイミングで、気づくと米軍のゴミ捨て場の一画に、大きなコンセット（カマボコ型の建物）ができました。それがニシムイ美術村の第一歩でしたね。でも台風で飛ばされるなどして大変でしたね」

連れて行ってもらった場所は、ゆいレールの走る県道沿いの高台の一画だった。公園になっていたが、そここそ美術村の中心部だった。

「沖縄画壇の歴々たる人たちが、この地に暮らしていましたね」

美術村誕生の立役者は、戦前から沖縄画壇を牽引してきた名渡山愛順《などやまあいじゅん》だった。彼を中心に画家たちが米軍と首里市に美術村の構想を持ち掛けたところ、ニシムイの丘の一画が無償提供されたのだ。一九四七年のことだった。初期メンバーは、ベテランの名渡山を筆頭に、玉那覇正吉、安次嶺金正、安谷屋《あだにや》正義、山元恵一ら八人だった。

画家たちは、荒れた土地にツーバイフォーの角材で六坪ほどの住宅兼アトリエを作り、研究所と陳列所を兼ねた大型コンセットを建設した。当初は、水道も電気もなく、ないないづくしの状態だった。それでも「村」に次々と画家たちが集まり、一〇軒ほどのアトリエが建ち並ぶようになった。

比嘉さんは、沖縄戦後アートの原点を歩きながらこう語る。

「このあたりで米兵の姿をよく見かけましたね」

ニシムイの画家たちが描いたのは、沖縄の風景や肖像画、そして絵葉書など。ターゲットは、米兵だった。狙い通り、週末になると、それぞれのアトリエに母国への土産を求め、軍人軍属がつめかけたという。絵の代金は、タバコやウィスキーなどの嗜好品で、画家たちは、それらを市場に持って行って換金した。

やがて画家たちは、教職を得るなど、米軍に依拠せぬ道に進み、ニシムイを後にする者が続いた。復帰にあわせてつくられた道路が終焉への決定打となった。環状二号線が横断したのはニシムイの中心部だった。

「県道がつくられて、この辺が分断され、残っていた画家たちもほとんど移っていってしまいましたね」

比嘉さんは、ちょっと遠くを見るようなまなざしを浮かべていた。今でも、近隣でニシムイの面影を強く残すのは、美術村の中心メンバーだった山元恵一のアトリエだけである。

5—3　幻の集落

西海岸の風を受けながら、国道五八号をドライブするのが好きだ。

生活臭あふれる現代沖縄、ちょっとざわつきをも覚える異国文化、そして清々しい森林と大海原。一本の道を走るだけで、様々な要素が現れては消え、時に入り交じり、沖縄ならではのチャンプルー感を味わえるのだ。

那覇から北に向かって二〇分ほど、宜野湾市大山あたりに差し掛かると、軍払い下げの家具店が並び、タトゥーショップなども散見され、米軍の匂いがプンプンと漂ってくる。そして右手に米海兵隊キャンプ瑞慶覧が見えてくると、ひとつのバス停があらわれる。

伊佐浜。それはかつてこの地に広がり、今はこの世からなくなった幻の集落の名前だった。

「伊佐浜のことは知っていますか」

初めてその地名を耳にしたのは、浦添市前田にあるＪＩＣＡ（国際協力機構）沖縄オフィスを訪れた時だった。沖縄にルーツを持つ日系三世のブラジル人で、ここに働く喜久里瑛《きくざとえい》さんは、ぼくに問い掛けたあと、返答を待たずにこう続けた。

「基地反対闘争に敗れ、米軍に土地を奪われた宜野湾市の集落です」

米軍基地に異を唱える運動として、阿波根昌鴻《あはごんしょうこう》が中心となった「伊江島闘争」は頭にあったが、「伊佐浜闘争」と呼ばれる基地反対運動は初耳だった。

そして喜久里さんの口から出たのは、伊佐浜住民の辿った過酷ともいえる運命だった。

「彼らの多くは、行く場所がなく、沖縄を離れました」

向かった先は異郷の地。はるか遠くの南米ブラジルだという。

喜久里さんの話は、そのまま聞き流すべきものではなく、まずは、跡地を訪ねてみることにした。

かつての伊佐浜周辺を歩くと公民館が見つかった。受付の人に「伊佐浜のことを知りたいのですが」と話しかけると、大事なことを教えてくれた。

「一〇〇歳ちかくになる生き字引が元気ですよ」

澤岻安一《たくしあんいち》さんという方で、毎週公民館に通っているという。

「澤岻さんのお父さんは、たしか抗議行動のリーダーでした。そんなこともいろいろと教えてくれると思います」

ドキドキしながら教わった番号に電話をしたところ、年老いた男性が出た。

「安一さんですか?」

「はい、そうですが、どちら?」

はたして本人だった。ぼくが伊佐浜のことを知りたい旨を伝えると、安一さんは、面会を快諾してくれた。

安一さんは、耳は少し遠いようだが、矍鑠《かくしゃく》とした痩躯の紳士だった。

話は、戦前の伊佐浜の様子から始まった。水はけがよく、県内有数の良田に恵まれた長閑《のどか》な水田耕作地帯で住民は一三〇人ほどだったという。

「湧き水がたくさんあってね、それで水田ができたわけです。沖縄では平坦地に湧き水ってあまりないんですが、そういう自然の条件があったから稲作ができたんですね」

地域の水源のひとつは、今も残されている。喜友名《ちゅんなー》泉である。ふだんは施錠されていて立ち入りができないが、後日、特別にあけてもらい、中に入ることができた。深い森に囲まれ石造りの井戸があり、こんこんと水が湧き出ていた。このような水源が集落を囲むように数個あったという。

沖縄戦が始まると、米軍の上陸地点に近かった伊佐浜は、踏み荒らされ破壊された。伊佐浜界隈を撮影したと思われる映像が残されているが、そこには家屋と田畑を火炎放射器で焼き尽くす米軍の容赦なき姿が記録されていた。多くの伊佐浜住民が犠牲となった。

戦が終わると、生きのびた伊佐浜住民たちは再起する。ふたたび田畑を蘇らせたのだ。

安一さんはこう語る。

「もちろん豊かじゃないですけど、なんとか終戦当時の餓死状態からいくらか腹を満たすくらいのことにはなっておったわけですね。まあ、それなりに貧しいながらも一応、穏便に暮らせる状態ではあったわけですよね」

復活した伊佐浜。しかし、冷酷にもふたたび米軍が襲い掛かるのである。

5―4　伊佐浜と基地闘争

一九五〇年代初頭、朝鮮戦争の勃発と冷戦構造の深まりの中で、米軍が図ったのが沖縄の基地拡大だった。五三年には、土地収用令が公布され、所有者の同意なしに米軍の判断のみで新規接収が可能となった。たとえ沖縄の人たちの居住地であっても、米軍が必要とあらば、銃剣を住民に突きつけ、ブルドーザーで集落を壊す、いわゆる「銃剣とブルドーザー」と呼ばれる強引な手法が取られるようになり、各地で接収が進められた。

ついに伊佐浜にもその触手が伸ばされた。

米軍による伊佐浜の土地接収の動きは、農作物の撤去命令から開始された。軍は、五四年、流行性脳膜炎を媒介する蚊が水田から発生するとし、一三万坪の水田の稲作を禁止したのだ。安一さんは憤ったようにこう語る。

「稲作をやめれ、と来たわけです。水田の土地も落ち着きつつあって、生産も相当あがってる時だったから、みんなこれはたいへんだ、と。けしからんということで、代表者が集まって反対運動をしようと始めたわけです」

その後、米軍側から伊佐浜に正式に土地の接収が突きつけられる。しかし、示された補償はわずかだった。不条理に対して、基地反対運動が盛りあがっていく。連日地元住民と支援の集団が伊佐浜を守るように取り囲んだ。「伊佐浜闘争」である。

しかし、五五年七月一九日、住民らが寝静まった夜更けを狙って、ブルドーザーと銃剣で武装した米兵が農地の周囲を鉄条網で囲んで、住民と支援者を排除した。

「午前二時頃、なんかブルの音がすると誰かが言って、あわてて外に出て見るとライトを全部消した重機と武装兵が道いっぱいにいた。近くに来るまで気づかんでですね」

そう言うと安一さんは、両手を広げながら続けた。

「こういう状態で止めようとしたんだけど、何を言うかといわんばかりにすぐ我々は突き飛ばされてですね、そのあとはアメリカが全部ブルドーザーなんかで家を取り壊し、畑をつきならして、そして今度は水田を埋め立ててしまいました」

その怒りを今も忘れられないのだろう、安一さんは、強い言葉で締めくくった。

「アメリカ人からいえば我々沖縄の人なんか人間と思ってないんじゃないか。この野郎という気持ちでカーッとなったですね」

斯くして闘争は敗れ、米軍は伊佐浜を接収、そこがキャンプ瑞慶覧の一部となった。

住民の取りまとめ役の父・安良《あんりょう》さんは県内各地を奔走、遠くは石垣まで視察した。

「父は代替地探しの折衝役でした。本島で土地が見つからず琉球政府が勧めたのは八重山でした」

しかし適地は見つからなかった。ようやくコザ市（当時・沖縄市）の高原という地域に辿り着いたが、農作には適しておらず、二〇世帯の移住にとどまった。

そんな折に琉球政府から、思いがけない提案が出された。異国移住の募集だった。

「あれもダメ、これもダメ、じゃぁブラジルに行ったらどうかとなった」

伊佐浜住民六〇名がブラジルに農業移民として旅立った。澤岻家からも父・安良さんと母、そして弟が彼の地へと向かったが、安一さんは祖母の面倒を見るため、そのまま宜野湾にとどまった。

こうして米軍基地によって集落は消滅し、家族も引き裂かれたのだ。

フーッと吐いた、安一さんの深いため息が脳裏に刻まれた。

5―5　観光シーズンは冬!! だった

「夏は閉めていました。お客さんがほとんどいないものですから。観光する人はほとんどいなくて」

びっくりする言葉でインタビューは始まった。

「那覇の夏は暑いので。暑いところにわざわざ来るわけはない」

リゾートホテルなどを運営するかりゆしグループを率いる平良《たいら》朝敬《ちょうけい》さんに沖縄観光の戦後史を問うた時に飛び出したのが前記の言葉である。

平良さんの両親がアメリカ統治下の一九六二年、那覇市若狭で始めたのが「観光ホテル沖乃島」だった。客室数は一四室。父の盛三郎さんは、それまで軍作業をしていたが、ブラジルに移住していた親族に会いに行く際に立ち寄ったアメリカなどの観光地を目の当たりにし、観光の可能性を実感したのが起業のきっかけだった。

今や沖縄経済の支柱の観光業だが、当時、規模は小さいものだった。観光ホテル沖乃島創業時の県内入域観光客の数は、およそ三万人だった。そして平良さんが語るように繁忙期は、今とは真逆の冬だった。沖縄戦の戦没者遺族による慰霊の旅が中心だったからだ。

「農業をしている方々が、農閑期に沖縄にいらして慰問をしていた時代でした。各県から摩文仁の丘に行かれる方々が、だいたい一一月から二月にかけていらっしゃってました。要するにビーチに泳ぎに来るという旅行形態そのものがなかったもんですからね」

ホテルだけでなく、ツアーという業態も戦後一〇年ほどたったタイミングで沖縄に誕生していた。そのひとつが一九五八年に誕生した沖縄ツーリスト（ＯＴＳ）である。創業メンバーのひとりで元社長の宮里政欣《せいきん》さんに国際通りに面したオフィスで面会した。

九四歳になるというが、矍鑠《かくしゃく》としている。彼が取り出したのは、セピアがかった写真だった。バスの中に老若男女が座しているが、あらたまった服装ばかりだ。

「これは復帰前の写真ですが、遺族が、ぜひ慰霊したいというので、終戦後、本土から沖縄へ入域し始めた。今ではリゾートが中心ですけど、昔は慰霊の観光ということが大部分だったんですね。そして本土は外国なので、我々が『身元引き受け人』になって、米国民政府に許可をもらってました」

宮里さんは、戦争で傷ついた人たちの心を癒したいとの思いでツアーを続けたという。

さらに取りだした写真も興味深いものだった。そこに写っていたのは、二台の巨大なアメ車だったのだ。「うちの最初のレンタカーです」。

インパクト満点の派手なフォルムは否応でも瞼にこびりつく。宮里さんたちが狙ったのは、基地外で足がない米兵の需要だった。今やレンタカー最大手のＯＴＳだが、そのスタートは、順風満帆ではなかった。

「最初は、琉球政府に、レンタカーをしたいと申請を出したら、こんな業種は沖縄にはないです、と言われ断られました」

それでも将来を見越し、粘り強く交渉を続けたところ、復帰前年の一九七一年に許可がおりた。

「あの頃、日本車はありませんから、外車を一〇台買って、そこで始めたんです」

狙い通り、米兵たちの利用で、一〇台は常に払底状態となり、事業は軌道に乗った。

宮里さんは、インタビューの二年後（二〇二三年九月）、この世を去った。自身も沖縄戦を体験している宮里さんが貫いていた信念・座右の銘を氏の死後、遅ればせながら知った。

「観光は平和の証」

沖縄の入域観光客は、二〇一九年には一〇〇〇万を超えた。六〇年前のざっと三〇〇倍である。現状と原点のあまりの違いに驚くばかりである。

5—6　アメリカンドリーマー

「プラザハウス、行こう」

まだ沖縄の右も左もわかっていなかった時、俳優の洞口依子さんからそんな誘いを受けた。「プラザハウス」は「ライカム」の付近にあるという。恥ずかしながら、両者とも初耳だった。

洞口さんは、プラザハウスに向かう道中で、まずは「ライカム」に言及する。

「あたらしいショッピングモールの名前が『ライカム』と思っている人がいるけど違うんだよね」

数年前に米軍が返還した施設（アワセゴルフ場）の一部が「ライカム○○○」という巨大な商業施設になり、そこからライカム＝ショッピングモールと誤解している人が多いのだという。

実際には「ライカム」の英語表記は"RyCom"で、語源は"Ryukyu Command headquarters"＝琉球軍司令部。一九四五年四月に上陸した米軍が築いた司令部のことである。米軍はすでに上陸前に上空から沖縄各地を分析し、司令部の適地を選定していたというから用意周到だ。現北中城村の島袋・比嘉・屋宜原《やぎばる》・仲順《ちゅんじゅん》地区にまたがる広大なエリアが敷地となった。

そして「ライカム」近くにおよそ七〇年前にできた米軍相手のショッピングセンターこそが「プラザハウス」だったのだ。

まさに心に抱いてきた、アメリカンな施設ではないか――。

北中城インターチェンジで高速を降りて一〇分ほどで出現したのが、橙《だいだい》色を基調としたシックな横長の電光板をシンボルにし

プラザハウス（平良由乃さん提供）

たハリウッドの映画館のような建物だった。少年時代、アメリカに憧れを抱いていたことがあったが、そんなみぎりに夢想していた殿堂が、半世紀近い年月をまたいで出現したのである。開業日は、一九五四年の米独立記念日の七月四日。かなり先端を行く施設で、このような米国型のショッピングセンターは、日本本土には全くなかったという。当初は米軍とその家族専用だったが、ぼくが生まれたのと同じ一九六六年から地元客にも開放されるようになった。

店内を歩いてみると、内外の名品を集めた食料品売り場、おもに舶来品を集めた洋装店、飲食店、そして映画館もあり魅力たっぷりだ。何度か改装・増築を重ねてはいるが、建物の一部は、創建当初のままだという。

洞口さんが、中華料理店で待ち合わせていたのが、支配人の平良由乃さんだ。これだけの施設を切り盛りするのだから、どんな女傑かと心と体を緊張させていたが、由乃さんは、髪をソバージュにした華奢なチャーミングな方だった。ちなみに、まるでウォンカーウァイの映画に出てくるような中華料理店・月苑飯店は、オープン当初から続いている老舗で、かつ本場広東を凌ぐような美味しさだ。

由乃さんに「ライカムアンソロポロジー」というギャラリーに案内いただいた。そこには、開業まもない頃のモノクローム写真が並んでいた。駐車場には、流線型のアメ車ばかり。やはり米兵の姿が目立つが、おめかしをした人たちが多く、プラザハウスが「晴れの場」だったことがわかる。

香港人とアメリカ人が創業に関わり、その後二代目、三代目まで香港人の経営だった。八〇年代に入り、老舗ハンバーガーチェーン店「A&W」（沖縄ではエンダーと呼ばれる）の経営者だった由乃さんの父・幸雄さんが経営権を取得、由乃さんが働くようになったのは、八七年からだった。

「もうほんとうに、たいへんなことばかりで、何度も『もう今度こそプラザハウスはつぶれる』と言われましたね」

屈託なくケラケラと由乃さんは笑うが、聞くと笑えぬ幾重にもおよぶ時代の激流をプラザハウスは乗り越えていた。首里城が再建され、美ら海水族館などの大型観光施設ができると、それまで大型バスの観光ルートに組み込まれていたプラザハウスは素通りされるようになった。さらに一九九九年に沖縄復帰特別措置法、観光戻税制度が終了し、かわりに特定戻税店制度ができたことで激震が走る。それまでプラザハウス内にあった免税店の閉鎖を余儀なくされたのだ。また県内に展開していた事業の縮小も続いた。

「プラザハウスが得意としてきたブランド品調達が継続できなくなり、ホテルや空港の店舗閉鎖に至りました」

さらに二〇一五年に前述した九州沖縄地区最大のショッピングモールが徒歩圏内に誕生した。そ

平良由乃さんとのツーショット

してコロナ禍……。

しかしプラザハウスを愛する人たちが支え続けてくれたと由乃さんは言う。

「時代の波に呑み込まれながらも、どこかで自由にやれていたと思います。こんな場所が沖縄にひとつくらいあってもいいんじゃない？ 的アイデンティティーを貫ぬこう、と思ってます」

前述した照屋林賢さん同様に、このたくましさとしなやかさがウチナーンチュの強さだと思った。

現在、周辺地域で進められようとしているのが、新たな米軍施設の返還だ。プラザハウスの前に広がる「ロウワープラザ住宅地区」。まさにライカムがあった場所でもある。返還で地域の開発が進むことになるが、プラザハウスは、変わらぬ輝きを見せ続けるにちがいない。

夜のプラザハウス（平良由乃さん提供）

5―7　抜け落ちた歴史

東京に住んでいた頃から、どうしても会って話を聞きたいと思っていた人物がいる。平良修さん。プロテスタントの牧師である。

その名が広く知られるようになったのが、一九六六年に行われた第五代高等弁務官の就任式だ。平良さんは、キリスト者代表として壇上で祈りを捧げることになったのだが、アンガー新高等弁務官を傍らにしてこう祈ったのだ。

「神よ願わくば、世界に一日も早く平和が築き上げられ、新高等弁務官が最後の高等弁務官となり、本来の正常な状態に回復されますように切に祈ります」

当時、沖縄を支配していた最高権力者が高等弁務官だったが、その人が横にいるのに、ましてや、その人の門出の日ともいえるタイミングにもかかわらず、平良さんは、沖縄の人々の心中を堂々と代弁したのだ。不自然な状況下に置かれた故郷の正常化を願ってのことだった。

必然的にどこかで会えると思っていたが、なかなかそのタイミングは訪れなかった。そこで、平良さんの取材経験がある沖縄テレビの山里孫存さんから連絡先を聞き、勇気をふるって電話をした。

これまでずっとお会いしたかった旨を伝えると、平良さんは「そうですか。いつでもいらっしゃってください」と丁寧な口調でこたえてくれた。その言葉を真に受けて、その週末に沖縄市の自宅を訪ねた。平良夫婦は、ちょうど礼拝から戻ってきたタイミングで、自宅アパート階下の駐車場で初対面となった。

物腰やらわかで柔和な方だな、と思った。それでいてまなざしは、こちらの奥を見通すような鋭さをたたえていた。

リビングでお茶を飲みながらの話となった。平良さんは、ぼくに沖縄に来てどれくらいになるのかを問うたあと、こう質した。

「どうですか。やはり内地とは違いますか？ 沖縄は外国のようですか？」

一瞬、質問の意図がつかみきれず、とまどったが、自分なりに思いを整理した。

「外国というとらえ方ではないですが、いわゆるヤマトとは、ずいぶん違うと感じることはあります」。平良さんは「どんなところです？」と畳みかけてきた。

「背負っている歴史が重いと思います。どんな

平良修さん夫婦と筆者

若い方と話しても、戦争で傷ついた親族がいたり、現在の基地問題に苦しんだりして、激動の波をつねに受け続けているのが沖縄だと感じます」

平良さんの目つきが変わるのがわかった。いく筋かの深いシワを眉間に寄せ、かなり激しい調子でこう言った。

「あなたの話は、大きく抜け落ちている」

言葉を返せずにいると、「敗戦後の沖縄の歴史をあなたは語っていない。米軍に支配された二七年が、あなたの中から抜け落ちている」と続けた。

思いがけない強い言葉に、ぼくはたじろぎ一瞬言葉を失った。頭の中が真っ白になっていることを感じながら、その時代を探求したい気持ちはある、だからここにいるのです、などと言い訳めいた言葉をたどたどしくつらねるしかなかった。

ぼくの言葉の真意をただすように、平良さんは、こう続けた

「USCAR（米国民政府）の支配のもとで、何が起きたのか。もっと見つめる必要があると思いますよ」

その上で、平良さんは、圧倒的な支配のもとであろうとも、人は如何に振る舞うべきなのか、根源的な人の在り方を語った。

「USCARは大支配者でした。いい加減な支配ではない。完全支配です」「でも、だからこそ、イエス、ノーをはっきりと言う。ぼくは反米ではなく、言うべきこと、取るべき態度はわきまえて

いたつもりです」

そして、沖縄の人々をこう描写した。

「沖縄の人たちは、小さくされた偉大な存在。小さいけれど、イエス、ノーを言える集団です。誇りがあります」

いつのまにか平良さんの顔は柔らかなものに戻っていたのだが、ぼくは平良さんの鋼のような精神を痛感していた。この人はまっすぐな心を持った偉大なるチューバーなのだ、と。

この日の最後、夫と常に行動をともにする妻の悦美さんがこう語ったのが印象に残った。

「現実ってそう簡単に変えることはできないかもしれないけど、意思表示をすることって大事だと思うんです。だから私たちは、米軍基地に異議を唱え続けているんです」

「止められる、止められない、ではなく、ひとりの人間が抵抗しているというのは歴史に残るでしょ」

輝く宝石のような言葉を受け取ることができて、ぼくの心臓は高鳴っていた。

これからも平良夫妻のもとに通うことを許されたのだが、抜け落ちた時代について、そして生きる上での指標となる、さらなる金言を拝聴できるのが、ドキドキではあるが、楽しみである。

5—8　毎日に歴史が刻まれている

朝、新聞を開くと、ハッとさせられることが多い。過去の同日に大きな事件事故があったことに日々気づかされるのだ。

八月だけでも重い歴史が多々横たわっている。たとえば、八月六日。広島の原爆の日だが、沖縄ではその三年後にこんな悲しい事故が起きていた。

LCT事件。一九四八年八月六日に伊江島で、大量の爆弾を積んだ米軍の上陸用舟艇《しゅうてい》（LCT）が爆発し、乗組員や住民一〇七人が犠牲となった。今年（二〇二三年）の同日の沖縄タイムスの社会面には、大きく「LCT事件　風化させぬ　伊江島　語り継ぐ大切さ　確認」という見出しが躍り、元伊江村長の島袋清徳さんらが継承活動を行っていることが記されていた。

八月一八日の社会面の見出しには、「みどり丸犠牲者に合掌」とあり、久米島で行われた「みどり丸事件」の慰霊祭についての詳細が記述されていた。「みどり丸事件」とは、一九六三年同日に、那覇と久米島を結ぶ定期貨客船みどり丸が沈没し、死者八六人、行方不明者二六人を出した大惨事である。

「比嘉さんがみどり丸の生存者だよ」

そう教えてくれたのは、読谷村に住む先輩ディレクターの大濱聡さんだ。比嘉さんとは、渡名喜島出身の人で、今年八〇歳になるＮＨＫの大先輩だ。さっそく比嘉さんに連絡したところ、小禄の自宅で話を聞けることになった。

開口一番、比嘉さんは、こう言った。

「あまり自慢するものではないなあ。六〇年になるんか。そんなになるんかね」

当時二〇歳。親元を離れ大阪の大学に通っていた比嘉さんは、夏休みを利用して沖縄に帰省中だった。母の実家が久米島だったので、母と妹とともにみどり丸に乗りこんだ。

「超満員で、デッキに座る人もいましたね。ぼくは船底の三等室にいましたが、満杯で座るところがなくて、階段にもたれかかっていました」

この頃まだ木造船が主流で、鉄船のみどり丸は速くて丈夫と思われていたという。

「それがまさかあんなことになるとはね。思いもよりませんでしたよ」

港を出て、およそ三〇分ほどたった午前一一時五分、那覇の西方六キロ、チービシ（ナガンヌ島）沖で異変が起きた。

「海が荒れていたのは感じていた。船が一回右に傾いてまたもとに戻った。二回目、バタっという感じで潮水が入ってきた。三角波で横倒しになったのです」

比嘉さんは、衣服をすべて脱いでパンツだけになった。押し寄せてきた海水に潜って出口を見つけてかろうじて脱出したという。

「渡名喜島で育ち幼い頃から海に慣れ親しんでいたから、泳ぎは得意中の得意だった。悲しいことだが、同じ三等室の人たちは全滅だと思う」

比嘉さんは、救命胴衣をつけていなかったが、何時間でも泳げる自信があったという。荒れた海上で波をかきわけかきわけ、何時間もかけて母と妹を捜索した。数時間後、救命胴衣で浮いていた妹を救助、さらに母も見つけたが、波が荒く、近寄ることができなかった。

「母も救命胴衣をつけているのが確認できたので、どうにかなると思って、妹と近くにいたふたりの救援に力を注ぎました」

夜になり、照明弾があがり、米軍の救援ヘリがきた。比嘉さんは、妹らをヘリに乗せ、自身は海上でさらなる救援活動をした。比嘉さんが貨物船に助けられたのは、午前二時か三時頃だったという。

そこまで話し終えた比嘉さんは、こう結んだ。

「まあ、たいしたことない話だよ」

いつも飲み会で物静かに飲んでいる姿しか知らなかった先輩の、まったく違う一面を知ることができた貴重な時間となった。ぼくが日常何気なく接している人々の多くが、比嘉さん同様、普段は語らないものの、重い歴史を内奥に秘めているに違いないと思った。

それにしても、ＬＣＴ事件にしても、みどり丸事故にしても、なぜこれほどまで大きな事件事故をこれまで知らないでいたのだろうと自問自答し、これらの多くが起きたのがアメリカ世であることに思い至った。つまり、「日本の戦後史」に入っていないため、日本本土ではほとんど扱われてこなかったのだ。ぼくは、そのことを恥ずかしいと思う。平良修さんの「敗戦後の沖縄の歴史を、あなたは語っていない。米軍に支配された二七年が、あなたの中から抜け落ちている」という言葉がリフレインし、鋭く己に突き刺さる。

牛歩かもしれないが、沖縄の戦後、とりわけ同時代性を持ちえなかった時の流れをしっかりと受け止め、問い直し、深掘りしていきたいとあらためて思う。

6

ヤマト世

まっくらな客席に、壇上に掲げられた日の丸だけが強調されているモノクロームの写真。写真家・平良孝七が撮影したものである。

一九七二年五月一五日。この日、沖縄は、日本に復帰した。平良がレンズを向けたのは、那覇市民会館で行われた復帰記念式典だ。

平良のネガを管理する名護博物館の田仲康嗣《やすし》さんは、この写真についてこう語る。

「多くの県民が望んだ復帰だったんですが、結果、望んだ形にはならなかった。日の丸が逆に遠くなった、さらに日本が遠くなったことを暗に言おうとしているのかなあ」

復帰五〇年を迎えた沖縄で、経済の変容、メディアの変遷など、ぼくは復帰に関連した番組をいくつか制作した。戦後沖縄を代表する写真家・平良孝七の特集もそのひとつだ。平良が復帰に際して何をとらえようとしたのかを探ったのだ。

復帰の日に那覇市民会館の式典で、平良が撮った別のカットも意味深である。壇上で演説をする屋良知事をとらえているが、知事の背景の日の丸の旗ははげしくぶれている。

沖縄の写真や映像を研究、批評する仲里効《いさお》さんは、この写真の意味をこう読み解く。

「沖縄が国家というか、日本政府の枠組み、フレームの中に収まっていく、そういう枠組みに収まることについて、平良さんは、あぁそうじゃないんだと、それに精一杯抵抗し、写真によってその枠組みに入ることへの違和感を表現していた」

復帰とは何か。世替わりとは何か。

そしてこの半世紀はどのような時代だったのか。

ぼくなりに、日常生活で垣間みえたヤマト世《ゆ》の断章を綴る。

6―1　'72ライダーの苦悩と抵抗

騙され続けた　故郷の悲しみを　新しい明日の沖縄の悲しみを
作らないために　一人で闘った　俺の孤独の道は　ここまで来たんだ

激しいリズムのアコースティックギターの楽曲からその番組は始まった。歌っているのは、沖縄出身のシンガーソングライター・海勢頭《うみせど》豊である。

突っ走れ　突っ走れ。

歌にあわせるように、疾走感のある東京湾岸の走行ショットが流れる。国会議事堂が姿をあらわすと、レンズは正門を確《しか》ととらえ、そこに向かってスピードを緩めることなく、否、むしろ加速して突入していく。

海勢頭が自らの楽曲のモチーフに引き、映像が再現を試みたのは、ある事故だった。

国会正門激突事故。

沖縄の本土復帰からおよそ一年後の一九七三年五月二〇日、オートバイに乗ったひとりの青年が、時速八〇キロで国会議事堂正門の鉄柵に激突、即死した。ブレーキ痕はなかったという。運転していた上原安隆は、当時、川崎市内の運送会社で働く沖縄出身の二六歳だった。

日本テレビのドキュメンタリー『激突死』は、事故から五年後に作られたものだった。制作したのは、テレビドキュメンタリー界のレジェンド・森口豁さんだ。連絡を取ったところ、鮮明にこう回顧してくれた。

「安隆の体当たりが起きた時、メディアは、単なる事故としてしか扱わなかったよね。単なる謎の死として深追いをしなかった。検証報道でしかなかった。ある新聞はベタ記事扱いだったよ。ぼくは逆に、これは何かある、と思った」

しかし、事故の直後、森口さんは永年の沖縄勤務が解け、東京社会部に転勤になり、沖縄に関わることができないまま月日が過ぎていった。

「その間も悶々としながら、きちんと真相を掘り起こしたいと思い続けていた。ようやくドキュメンタリー班に配属になったので、まっさきに取り組んだのが、あの問題だった」

番組では、森口さんのシンプルな問いが探求のエンジンとなっていた。

なぜ、上原くんは国会に体当たりしたのか。彼の死がちょうど沖縄復帰から一年目にあたるのは、本当に偶然なのか。覚悟の自殺ではなかったのか——。

森口さんは、上原と同世代の海勢頭をリポーターにしたて、上原の職場、そして下宿先を訪ね、人々の証言を集め、上原の心のうちを解き明かそうとする。

同じアパートに住んでいた同僚は、夜中に裸足のまま部屋を飛び出し、長かった髪をばっさり切ったなどと上原の情緒の不安定さを語り、また別の同僚は、平時は絵を描き、音楽や読書を愛するもの静かな印象の上原が、誰かが沖縄の批判をすると一転し激しく怒ったと証言する。上原は「もっと勉強しなくては」「政治がなっていない」と事あるごとに口にしていたという。

森口さんたちは、沖縄に渡り、上原の出生地の恩納村喜瀬武原《きせんばる》に赴く。そこは、米軍の演習場に囲まれる山あいの集落だった。ぼくも喜瀬原の取材をしたことがあるが、かつて米軍は演習時に、ここを通る県道一〇四号線を通行止めにして、その上を飛び越える形で一五五ミリ榴弾砲実弾射撃を行い、地域住民の生活を脅かしていた。米軍と隣り合わせの環境の中、上原が育ったのは貧しい母子家庭だった。

さらにレンズは、上原が中卒後に車の修理工、電気屋、行商、米兵相手のクラブのバーテンダーとして一〇年間職業を転々としたコザの繁華街に向けられていく。森口さんは、彼の雇用主から、踊りが上手で人気者だった上原の明るい一面を引き出す一方で、一九七〇年に起きたコザ騒動で米軍車両に火をつけた容疑で逮捕され起訴された事実に辿りつく。

少しずつつまびらかになっていく、上原のバックグランド。双子の兄の安房の証言が、上原の複雑な懊悩を解き明かす決定打だった。安房は、弟の死後に事故現場に赴いたと語り始め、こう続けた。

「彼が死んだ場所が国会議事堂でしょう。その前に何十分か立って考えました。彼は僕の分身だし、他人よりよくわかる。なぜ死んだのかと。第三者から言えば、交通事故ととらえると思うけど、決してそうじゃないとぼくは思った」

安房は、弟の住んでいたアパートも訪ねていたが、本棚に見つけたのは、作家・高橋和巳の『孤立無援の思想』だった。

「ぼくらは育ちが沖縄でしょう？　彼は、政治的なことにも興味を持っていたし、中央権力から拘束されているような形もあったし」

弟の死は事故死でも単なる自殺でもない――。

復帰後も変わらない基地の島の矛盾を見ようとしない本土の政治家たちへの、命を棄てての抗議だと安房は考えていた。

「決して犬死みたいな死に方ではなかった。彼は何かを訴えたかった。ぼくはぼくなりに彼の死の意味を一生、考え続ける」

安房の言葉こそ森口さんの得ようとしていた疑問の帰着点だった。

沖縄をテーマとした数々のドキュメンタリー作品を手掛けてきた森口さんは、今も沖縄を見つめ続けている。

「あの番組から四五年ほどたっているけど、沖縄に行くたびに、ぼくは安房さんのところに行くんだ。彼は、今も弟が激突した時の傷が刻まれたヘルメットを大切にしている。弟が命がけで抗議をした、言うべきことを言おうとしていたと思っているからこそ、ヘルメットを捨てないんだと思う」

「それはぼくも一緒なんだよね。今も日々、一緒に安隆と歩んでいるような気がしている。ほんとうに望んだ復帰であれば、彼は命を投げ出さずにすんだろうに」

「五〇年たっても、いまだに沖縄は痛め続けられている。だから安隆の問いは続いているんです」

6―2　大阪のうちなあ

大阪に赴いた時、お好み焼きなど関西の食ではなく、沖縄料理が食べたくなった。いったい、どれだけ沖縄が好きなんだろう……。

以前にも行ったことがある、大正区の「うるま御殿」に足を運んだ。平日ということもあり、さほど混んでいなかったが、店全体にあふれていたのは、アットホームな雰囲気である。客のほとんどが近隣に住むウチナーンチュのようだ。やがて店主による唄《うた》三線《さんしん》のライブが始まると、手拍子と手踊りが始まり、ほどなく各々のテーブルの男女（中高年が多かった）が立ちあがり、近くの人の肩を叩き、カチャーシーの輪が広がっていった。ウチナーグチで気炎をあげる酔客たちの屈託のない笑顔が心に強く残った。

大正区の人口は現在六万ほどだが、その四分の一にあたる一万五〇〇〇人が沖縄系だという。

大阪沖縄会館

店を出て近隣を歩くと、「大城」「儀保」と続き、一軒おいて「真喜志」といった具合に沖縄姓の人たちが多く暮らしていた。入り口にシーサーを置いている家もある。石敢當も散見された。この土地をもっと知りたいとの思いが募った。それが叶ったのは、四カ月後のことである。

大阪沖縄会館は、環状線の大正駅からバスで数分、大正区役所近くの国道沿いにあった。鉄筋コンクリート四階建で、二階部分に赤瓦が設えられ、シーサーが座す。そこにある県人会事務所を訪ねたのだが、迎え入れてくれたのは、沖縄県人会長の仲村隆男さんと事務局長の中村和文さんだ。

大阪生まれの沖縄二世。「ふたりとも『なかむらさん』ですね」と言うと和文さんは、「ぼくの姓は、もともと『なかんだかり』だったけど、大阪で戸籍を取る時に中村に変わってしまったんですよね」。いきなり興味深い話だが、どういうことなのかは後述する。

そもそも大正に多くのウチナーンチュが集まるようになったのは、大正年間だったと隆男さんは語る。

「当時、このあたりは、沖縄では産業が乏しかったため、長男はそのまま土地に留まりましたが、次男、三男が外で稼ぐ、という流れでした。だから大阪、そして海外に行ったのです」

和文さん（左）と隆男さん（右）

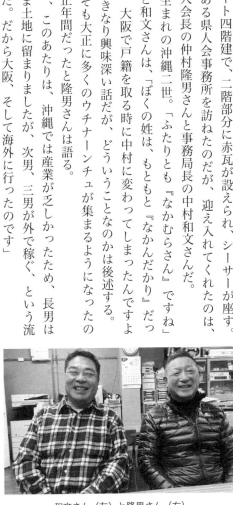

この頃、大正区周辺は、東京の木場のように材木の製材や水路を使った材木の運搬が行われていたという。

「埋め立てで地形が変わっていますが、当時、このあたりは、水路が張り巡らされていたようです。大阪には海に慣れた人が少なく、海に慣れているウチナーンチュがよかったようです」

ウチナーからやってきた男たちは、海上での丸太の運搬、丸太を使っての艀《はしけ》作りなどに従事、女たちは紡績工場で働いた。必然的に職場に近い大正区に住み着くようになったという訳である。

戦後は紡績・製材ともに廃れたため、ウチナーンチュの多くが手掛けるようになったのは鉄くず業だったという。「スクラップ屋です。あまりみんながやりたがらない仕事ですね」。

沖縄島北部、とりわけ羽地、今帰仁《なきじん》、屋我地、大宜味の塩屋出身者が多いという。東風平《こちんだ》、南風原の人もいるそうだ。ちなみに隆男さんの両親は屋我地島出身だというが、敗戦直後に来阪した父・孝栄さんは、石炭の船積みを皮切りに、薪や米などの物資の売買、衣料雑貨、蕎麦屋、精肉業、スクラップ業、風呂屋、衣料雑貨と様々な職種を渡り歩き、身を立てた。

いっぽう和文さんの父・武さんは満州、母・寿美子さんはフィリピンで生まれ育ったのだが、敗戦後、ふたりとも沖縄ではなく大阪に引き揚げ、そこで出会って結婚した。

武さんの父（つまり和文さんの祖父）の四郎さんが大阪の役所に戸籍を登録しようとしたところ、仲村渠（なかんだかり）四郎を読めず、「なかむらりょうしろう」とされ、漢字表記では、仲のニンベンも取れていた。かろうじて「りょうしろう」を「しろう」に訂正してもらったという。

「沖縄人にとって名字はあまり重要ではないから、父も『中村』でいいとしたようです。でも名前は大切ですから、きちんと直してもらいました」

聞き直すと、隆男さんももともと「仲村渠」姓だった。父の孝栄さんが海軍に従軍していた頃、「名前、ふざけてんのか」と毎夜消灯後に上官から殴られたのだという。戦後大阪に渡り、長女（隆男さんの姉）が生まれたのを機に改名したという。

「内地で差別されないようにという気持ちからでした」

後日、古塚さんから聞いたのだが、那覇市指定無形文化財「琉球玩具」の技能保持者だった古倉保文さんも軍隊時代に「古波蔵」などというふざけた名前なんかあるものかと上官にぶん殴られたのを機に「古倉」に改名したという。

さらに古塚さんは「ヤマトで警察官が、ウチナーンチュのニーセー（若者）たちに職質したというシチュエーションです」と言い、こんな小咄も教えてくれた。

警官「ところで、君の名は？」
漢那「かんなです。」
警官「鉋だと？ そんな名前あるか！ もういい、お前は？」
大工「だいくです。」
警官「お前ら俺をバカにしているのか！ じゃあ、お前は？」

仲間「なかまです。」
警官「……」

閑話休題。一九六二年生まれの和文さんは、高卒後に旋盤工になり一〇年ほど働いたが、「沖縄のためになることをしたい」と転職、わしたショップで知られる物産公社に二〇年つとめた。大阪でウチナーを常に意識しながら生きてきて、六一年。和文さんは現代大阪のウチナーンチュの内実をこう語る。

「昔ほど、みんな沖縄の自覚が少ないですね。三世、四世になると、大阪人としてのアイデンティティーのほうが強い。下手すると二世でもそうかもしれません。もともとの一世がどういうスタンスかどうか、それ次第ですね」

隆男さんがこう反応する。

「沖縄を恥ずかしいという人がいるからね」

和文さんはちょっと遠くを見るようなまなざしを浮かべ、こう振り返る。

「二〇歳あたりの頃、三線で沖縄音楽を弾くのは押入れの中でした。踊りの発表は、屋内だからオッケー、エイサーは外でやるものだから恥ずかしいからダメ」

隆男さんが首を縦に振り、言を継ぐ。

「コンプレックスがあった。沖縄がバレる怖さ。一世の人たち、沖縄を隠していた人が多かったよね」

隆男さん自身、沖縄ルーツであることから高校時代に辛い体験をしていた。

「高校は区外だったため、いろんな所から集まっていますよね。沖縄はぼくしかいない」

ある日、ある時、クラスで誰かの時計が盗まれたという。

「仲村盗っただろう。こんなことをやるのは、沖縄の人間しかおらへん、と友達から執拗に責められました」

さらに。

恋人ができた。彼女はウチナーンチュではなかった。結婚したいと先方の両親に許諾を求めると「どこの馬の骨ともわからん人間にやれるか、と。つまり沖縄のことを指してのことですが、そんな風に相手の親に言われましたね。そして彼女は、向こうの両親にどつかれました」

隆男さんは、「でもね、駆け落ちで望みは成就させましたわ」と大阪弁で言って、大きく笑った。

6―3　甲子園というゆいまーる

ふたりの「なかむらさん」に話を聞いている時、生放映されていたのがワールドベースボールクラシック（WBC）の準決勝・メキシコ戦だった。試合が後半戦になるまでは音を消しながらの「ながら観戦」だったが、八回に入って日本が猛反撃を開始したのを機に会話を中断し、ボリュームをあげての観戦となった。

ちょうど打席に入ったのは那覇出身の山川穂高選手である。山川の打球はレフトへの犠牲フライとなりメキシコと一点差となった。大阪沖縄会館の応援モードは一気に最高潮に達したが、CMに入ったので、ぼくは野球つながりでこんな質問を投げかけた。

「大阪のウチナーンチュは、近いからやっぱり甲子園に応援に行くんですか?」

仲村隆男さんは、すぐにこう応えた。

「他県の高校の応援はバスで行けるけど、沖縄から一〇〇人、二〇〇人を甲子園に送るのはたいへんです。だからこっちに住んでいる沖縄の人たちが沖縄代表校を応援しようと。それで春も夏もみんなで行く。関西各地のウチナーンチュたちがそこで一同になれる大切な場所でもあります」

応援ブラスバンドにも、他県と違う履歴があった。

「沖縄からブラスバンドを呼ぶのはたいへん大掛かりになる。だからこちらで協力しようと」

この二〇年来、兵庫県立尼崎高校の吹奏楽部が、沖縄代表校の友情応援を続けているという。代表曲が『ハイサイ!おじさん』。確かに高校野球観戦に熱心ではないぼくでも、沖縄代表といえばこの曲!というイメージがある。ここで隆男さんが出したのが、『ハイサイ!おじさん』応援生みの親の名だった。

「『私設応援団』の団長の糸数さんがそもそもの発案者です。糸数さんは、こっちでは県知事よりも有名な名物男です」

隆男さんが連絡先を教えてくれたので、「県知事より有名な」糸数さんに後日電話してみた。

「はい、こんにちは」

こちらまでも元気になるような気持ちのいい声が受話器から飛びこんできた。

糸数勝彦さんはウチナーンチュの両親のもと、敗戦の年の一九四五年に大正区内で生まれた。長じて地元大阪の高校に入学したのだが、驚くことにその時から甲子園の「応援団長」だったという。

「最初に甲子園に応援に行ったのが一七歳で、沖縄の代表が首里高校でしたが、応援団もなく盛りあがりもなかった。ぼくは母校の応援団に入っていたから、後輩を一〇人ほど連れて応援を始めたんです。自分の学校の制服の学ラン着て大阪沖縄県人会の腕章をつけて」

つまり地元の高校と沖縄代表の「応援の二刀流」だったわけだ。

「最初はシンプルで手を叩いて、かっとばせ、などという感じでした。そのことを試合前に観客に教えこむんです。あの頃は甲子園の暑さが異常で、バケツに氷を入れて、それで涼んだんだけど、倒れる後輩もいてまさに戦争のようでしたね」

そう言うと糸数さんは豪快に笑うのだった。その後、プロに入り活躍する安仁屋投手擁する沖縄高校（現沖縄尚学高校）の応援もしたという。

そのまま関西の大学に入るが、その時も応援団に所属し、二刀流を続けた。糸数さんは「でも」と言って、こう続けた。

「応援には技術がいる。仕切りや統制も大事。素人にはできないんです。だからぼくが沖縄代表が泊まっている宿舎に行って、出られない選手たちに直に応援のイロハを教えた。そのうちに大学の応援団の後輩たちも駆けつけてくれるようになり、だんだんと輪も広がり応援団らしくなった」

さて沖縄代表の応援は、糸数さんを軸にする「私設応援団」と別種の応援が混在していたという。かつての沖縄代表試合の映像を見返してみたが、スタンドには糸数さんたちと別の場所で、三線をつま弾き、指笛をならし、さらに琉装で伝統舞踊を舞う人もいて、なんとも楽しい。しかし、ある時からこのような応援は禁止になったのだという。

「エイサーの衣装やパーランクー（太鼓）に対して、高野連が『奇異なかっこうはやめてくれ』と。言い分としては、高校野球はあくまでも高校修学の一環であり、地域色の強い特別なものはダメとなった」

他道府県も同様の注意を受けたという。広島の「しゃもじ」、高知の「陣太鼓」、群馬の「大根踊り」も禁止になったのだそうだ。（広島の応援で、興奮した観客がしゃもじをグランドに投げ入れたことが問題視されたなど、禁止のきっかけは諸説あり）。

さて、肝心の『ハイサイ！　おじさん』応援について、糸数さんに水を向けた。参加したある寄り合いで、たまたま流れてきたこの曲に座が盛りあがったのが緒《いとぐち》だった。

「ひらめきましたね。ぼくは大阪育ちだからウチナーグチの歌詞の内容はわからなかったけど、節がいいから応援にぴったりだと」

糸数さんは、尼崎高校の吹奏楽部の指導者で伊良部島出身の羽地靖隆さんにこのことを伝え、一九八八年の大会から応援に使われるようになった。糸数さんはこう語る。

「チャンスが到来し一打逆転のような場面で流すんです。ここで一気に行け、と」

『ハイサイ！ おじさん』は、甲子園沖縄代表の代名詞となっていく。

しかし、コンプライアンスのご時世、思いもよらぬ苦情が寄せられた。糸数さんはこう語る。

「酒飲みの歌だからどうのこうの、と。なんでクレームつけるんや、と思いましたけどね」

酔っ払いの男を主題にした歌を高校野球の応援に使うのはふさわしくないという声が重なり、楽曲を使用できなくなってしまったのである。

「応援はメロディだけで歌詞はないから、酔っ払いの歌かどうかはわからへんと思うけどね」

代わりに使われるようになったのが『ヒヤミカチ節』だった。「ヒヤミカチ」は、「エイヤっと（起きあがる）」という意味で戦後の荒廃した沖縄を励ます意味合いで作られた楽曲だった。

しかし『ハイサイ！ おじさん』は不死身だった!! NHKの番組（アナザーストーリーズ『沖縄が熱く燃えた夏～甲子園に託した夢』）が『ハイサイ！ おじさん』応援復活の一部始終を描いている。はたしてどんな経緯《いきさつ》があったのか。

二〇一〇年の夏の大会。沖縄代表・興南高校は、準決勝まで勝ち進むが、報徳学園に序盤に五点ものリードを許してしまう。ようやく五回になってノーアウト一、三塁のチャンスを迎える。試合映像には、『ヒヤミカチ節』の演奏風景が残っている。その時である。吹奏楽部を指揮していた羽地さんは、スタンド応援席から叫ぶような声を聞いたという。「『ハイサイ！ おじさん』やってくれ」。

羽地さんは瞬時に決断した。『ハイサイ！ おじさん』の封印を解いたのである。

映像にも『ハイサイ！ おじさん』の演奏がはっきりと残っていた。

すると。このことが奏功したのか、興南は得点を重ねた。同点のタイムリーを打ったキャプテンの我如古選手は、こう振り返る。「『ハイサイ！ おじさん』がいいタイミングで乗っかってきましたね」「プレーする側からすると、実力以上が出せました」。

勢いづいた興南は、逆転勝利をもぎとり、さらに決勝でも東海大相模をくだし、沖縄に初となる夏の優勝旗をもたらした。当時の地元・沖縄の様子も映像に残っているが、盛りあがり方は尋常ではなかった。まちぐゎーで踊りまくる人々、街頭テレビの会場で涙を流すおばあたち、カチャーシーを舞うおじさんたち……。ぼくには、その映像は眩しくてたまらなかった。

実は、ぼくが通っていた神奈川県の高校は、甲子園の常連校だった。それだけでなく、ぼくは応援団員だったことを告白する。仲間たちとバスで甲子園まで行き、アルプススタンドで大きく手を振り雄叫び母校を鼓舞したこともある。奇しくも、興南が逆転勝ちした報徳学園に母校は敗れたのだが。

その時の感覚をおぼろげながらに記憶している。ぼくは、あくまでも自分の学校を脊椎反射的に応援していただけだった。〇〇高校が勝てばいいという気持ちのみで、そこには微塵も郷土意識はなかったのだ。

隆男さんたち大阪で会ったウチナーンチュは、何の迷いもなく語っていた。「沖縄代表なら、学校関係なしです」。チーム名など関係なく、どの高校だって「自分たちの代表」という分け隔てのない強い連帯感＝ゆいまーるが心から美しいと思うし、うらやましい。

『ハイサイ！ おじさん』の原点は、作者・喜納昌吉さん自身の中学校時代の体験だったという。当時、喜納さんの家に酒をせびりに来る妻子を亡くしたおじさんがいたが、彼と喜納さん本人との掛け合いをモチーフにしたのだ。喜納さんは著書でこう綴っている。

村のつまはじき者なのに、僕はなぜかおじさんのことが好きだった。きっとおじさんは、戦争で傷つき荒れ果ててしまった沖縄の痛みを、すべて自分の体で吸収しながら、ただ黙って笑っていたんじゃないだろうか。

分け隔てなくつながる「ゆいまーる」の精神が『ハイサイ！ おじさん』に奥深く流れていることに遅ればせながら気づかされた。だからこそ、この曲が応援歌にふさわしいのだと合点した。

6―4　フクギ集落　夜の爆音

「え？」

驚き顔を浮かべ、食堂「フクギ屋」のおばさんはそう言い、こう続けた。

「今日のは、静かですよ。ぜんぜん」

頭上では、ジェット戦闘機が低空で何機も連続で飛んでいた。夕飯を食べ終わりかけたタイミングだったが、ぼくは、今まで沖縄島で経験したことのない爆音に正直、怯えていた。

「めっちゃ、低空ですよ、これ。おっかなくないんですか？」

同じような問いを繰りかえすと、おばさんは、満面の笑顔になり、

「ここに住んでいるので、もう慣れっこですから。いつもはもっとうるさいですよ。ねえ」と、もうひとりのおばさんに話の主導権を受け渡す。するともうひとりは、

「照明弾を落とす時もあるからね。するとね、このあたりは昼みたいに明るくなるんですよ」

その間も爆音がずっと鳴り響いているのだが、彼女たちは一向に臆することなく机を布巾でこすっている。ぼくはというと、まったく落ち着くことなどできないでいた。

二月某日。寒冷前線によって、日本各地が今年一番の冷えこみを迎えていた中、ぼくはフェリー

のデッキの上でポカポカ陽気につつまれていた。那覇から海路で二時間ほどの渡名喜島を訪れようとしていたのだ。

港で下船すると、宿泊先のご主人・南風原さんが軽自動車で迎えに来てくれていた。

開口一番、ちょっとギョッとする言葉を発した。

「渡名喜では、茂みには絶対に踏みこまないでくださいね。ハブがいますので」

車は村役場を通り越すと、細い未舗装の道に入っていく。地表は目を惹く月白色だ。綿菓子のように膨らんだ常緑木が塀の代わりに家々を囲んでいる。

フクギである。葉は行司の持つ軍配のような丸みをおび、重力に逆らうかのように空に向かっている。幹は細いものからずんぐりとしたものまで様々だ。フクギの塀は集落の奥まで続き並木をなしていた。本部半島先端の備瀬集落をちょっと髣髴とさせる。

家屋は木造が多く、沖縄伝統の赤瓦が目立つ。道が月白なのは、砂地だからだという。緑と赤と月白のコントラストとハーモニーに息を飲んだ。この場所は二〇〇〇年に国の重要伝統建造物群保存地区に選定されていた。

集落が美しい形になったのには、皮肉にも自然災害が大きく絡んでいた。どの島も例外はないのだが、渡名喜島も毎年、台風に悩まされてきた。フクギ並木は、集落を暴風から守るための役割を持っていた。そして各々の家屋をよく見ると、敷地が集落道路よりも低く掘りさげられている。これも風除けの工夫だった。

ではなぜ道が白砂なのか。もともと渡名喜島の低地の主要部分は砂が集まって形成されたそうなのだが、先人たちは、道路を作るに際し、水はけを考えアスファルト舗装などせずに自然の状態をそのまま生かしたのだという。先見の明とも思えるナイス判断が、この光景を残したのだ。

我が宿は、そんな赤瓦の伝統家屋を民泊用にしたものだった。部屋に腰を落ち着けると、この島出身の比嘉学さんの顔が浮かんだ。前述した「みどり丸事故」を生き延びたNHKの先輩である。連絡をとると……。村長に会いなさい、とひとこと。え、そんな偉い人に急に会うのは、どうでしょう、と固辞したのだが、比嘉さんは、いいからぼくが連絡するので、と言って電話を切ってしまった。五分後、「午後五時、村長が会うといっているので、よろしく」。思いがけない展開である。

ここで、島に到着する寸前の船上での出来事を振りかえりたい。

渡名喜の島影が見えてきた時から、船に寄り添うように、否、先導するように一羽のカモメが飛んでいた。デッキでその動きを見ていると、目の錯覚が起きた。いきなりカモメが二羽になったのだ。でも一羽の動きが直線的だ。凝視すると、それは遠景に配された飛行体だった。さらに目をこらすとオスプレイだった。

那覇を離れて二時間あまり。海上に普天間基地由来と思われるオスプレイが飛んでいることがショックだった。見つめ続けていると、あるものが視界に入った。そして合点がいった。米軍機の下には、島があったのだが、それが噂に聞いていた場所だと気づいたのだ。

入砂島。

渡名喜島から西方四キロのこの無人島は、特定防衛施設に指定された米軍の射爆撃場だった。戦闘機やヘリによる小型爆弾投下訓練、機銃射撃訓練などの空対地射爆撃訓練が行われているという。おそらくオスプレイはその島の上で何らかの演習をしていたのだろう。とはいえ爆音は響いてくることはなく、たんなる飛行訓練にもみえた。

この日の締めくくりに、渡名喜村役場に赴き、比嘉朗村長と面会した。まずは島の抱える深刻な過疎化（渡名喜は沖縄の全市町村で一番の過疎の村だそうだ）の対策が語られたが、やがて無人島での米軍演習に話が及んだ。沖縄戦終結直後に始まり、一九五四年からは公式記録に明記されているという。演習がある時には事前通告が届くそうだが、横にいた総務部長の又吉さんが笑いながらこうつけたした。

「そうはいってもいろいろなことがありますから、基本的にいつでも演習をしていると思っていたらいいですね。日曜だけはないので、この日だけは近くで漁をやっていいことになっています」

いったい、米軍と渡名喜村民、どちらがこの島の主人公なのか。ちょっと苦いものがこみあげた。今日は爆音がしませんが、これが基本形ですか、と問い返すと、又吉さんは笑いながら、

「いやいや、渡辺さんが来た時にたまたま演習がなかった、というのが正しいです」

村役場を出たら、あたりはすっかり夕闇に包まれていた。そして、冒頭の記述の体験をする。日中は静かだった渡名喜が午後六時半過ぎ、爆音に包まれたのだ。入砂島での夜間訓練だと知る。後

で調べると、あるところに「演習時間は午前六時から午後一一時まで、夜間も照明弾を投下して激しい訓練が実施されている」と書かれていた。

そんな遅くまで演習をやるのか。そしてやはり照明弾は使われているのか……。おばさんの言っていたことは決して大げさではなかったのだ。

そして比嘉先輩が以前、飲みながら教えてくれた衝撃の事実を思い出していた。

「ちゅらさんのオープニングの綺麗な航空撮影あるでしょ。あれは、入砂島なんですよ」

あのコバルトブルーに囲まれ輝く緑の島は、米軍の演習場だったのだ。

基地と隣り合わせの渡名喜の現実に触れ、ぼくの心はしばらくの間、かき乱され続けた。

6―5 「キャンプの聖地」ことはじめ

向こうからひとりの選手が歩いてくる。

ぼくの隣にいる後輩が、「吉田投手だと思いますね」と言うので、数年前に甲子園を沸かせたあの金足農業の選手ね、と応じると、そうです、との返答。

「吉田投手」が近寄って来た。周囲はみんな彼に向けてスマホをかざしている。ぼくもそれに倣《なら》ってとりあえずレンズを向けてみた。でも……。あれ？　日焼けした童顔は、野球素人のぼくにもかなり親しみのある表情だった。

「あ、清宮選手でした」と後輩は言い、「あまりにも痩せたので間違えてしまいました」と言い訳を続けた。確かにかなりがっちりしていた印象だったが、すっかりスリムになっていた。はにかんだ顔でこちらに一礼する律儀さに心動かされた。

それにしてもこんな近くで野球選手を見たことがないので得した気分だ。褐色の肌の長身痩躯の選手は「万波選手です」、さらにあたりが騒がしいのでなんだろうと思うと、新庄監督が風のように颯爽と眼前を去っていった。

二月某日の土曜日午後五時。ぼくがいたのは、名護市にある野球場・タピックスタジアムの出口から宿泊施設にかけて設けられた選手の移動通路のフェンス脇である。人生初となる「出待ち」をしていたのだ。

プロ野球の熱心なファンでもないぼくが、なんでそのような行為をしたのか。

そもそも、せっかく沖縄に来たのだから、プロ野球のキャンプはいつかは見てみたいと思っていた。でもコロナの影響で入場制限があるなどと聞いていて、及び腰になっていた。

ある人のおかげで、展開が変わった。Eテレの『バリバラ』出演者としても活躍する大久保健一さん。彼からもらった一通のショートメールが世界を変えた。「日ハムのキャンプに来ているので名護で会いませんか」。

これは願ってもない好機である。ぼくは名護に向かったのだが、道中で、大久保さんからショートメール着信。「練習おわりました」。

ガクっ。途中で寄り道などしたのがよくなかった。しかし、大久保さんのメールはこう続いていた。「ホテルの前で出待ちしてます」。

練習のことしか頭になかったので、「出待ち」という言葉が新鮮に響いた。

大久保さんの姿はすぐに見つかった。その横に大久保さんと親しいNHKの後輩ディレクターFがいた。そんなことで冒頭に記述したように、ぼくの人生初「出待ち」が実現したのだった。新庄監督が、とてつもなく短い距離にもかかわらず、電動キックボードを飛ばしてホテルに去っていったのには驚いたが……。

選手監督は間近で見られたが、スタジアムでの練習は見ることができなかったという心残りがあった。しかし夕食をとっている時、大久保さんがこう教えてくれた。「あした一三時から紅白戦があります」。

それは楽しみだ。急遽予定を変更し、名護に宿泊することにした。

翌日昼にスタジアムに向かったのだが、横の公園に老人の半身像があることに気づく。「大社義規《おおこそよしのり》氏之像」。日本ハムの創業者である。

付された説明で沖縄キャンプの「ことはじめ」を知る。

そもそも沖縄がプロ野球のキャンプ地として使われるようになったのは、古くないことは、ぼくも記憶していた。少年時代、プロ野球キャンプというと、宮崎と相場が決まっていたからだ。そのような中、一九七九年、当時の大沢監督（親分!!）以下球団スタッフが、できたての名護球場を見学、装備不足にもかかわらず、キャンプ地をそれまでの徳島鳴門から移したのが嚆矢《こうし》のようだ。これを皮切りに一九八二年に広島、翌年に中日、八七年に横浜大洋といった具合に他球団も次々と沖縄でキャンプを張るようになった。

今年（二〇二三年）は、実に九球団が来沖している。不詳ではあるが、韓国の球団もいくつかと、WBCの影響でキューバなど外国チームもキャンプをしている。まさに沖縄は名実ともに「プロ野球キャンプの聖地」なのだ。

余談だが、宮崎はかつて新婚旅行の聖地だったが、その座を沖縄に奪われ、さらにプロ野球も沖縄に奪われ……関係各位はさぞ悔しい思いをしているだろう。

スタジアムのまわりには、ブルーに彩られた無数の幟《のぼり》旗が風に揺れ、まさにファイターズ一色である。初めて足を踏み入れたタピックスタジアムだが、外野の背景に名護湾が広がっており、その景観には目を見張るものがあった。試合が始まると、遠くの潮騒に球音が重なり、観客のほどよい拍手とハーモニーを奏で耳を愛でた。

潮風を浴びながらの観戦は気持ちのいいものだった。マリーンブルーのユニフォームは鮮やかに風景に映えていた。いつのまにかにぼくは、ファイターズファンになりかけている自分に気づくのだった。

その後、刺激的タイトルが踊る沖縄タイムスの記事を目にした。

「沖縄キャンプ「1号」覆る　定説79年日ハム▼実は57年大映」（二〇二三年六月二一日）。

実は米軍統治下の一九五七年、パリーグの「大映スターズ」が二〇日ほど沖縄でキャンプを張っていたのだ。ただ、一回だけで終わったことや、大映の存在が公的記録から抜け落ちた状態だったこともあり、「第一号は日ハム」が広く浸透したという。

実際、当時の記事（一九五七年二月五日沖縄タイムス朝刊）にもしっかりとチーム来沖についての記事が掲載されていた。それを読むと監督の松木謙治郎は「十一年ぶりでなつかしい」とコメントしている。ということは、さらにさかのぼる戦後一年のタイミングで松木は沖縄に来ていたのだ。

調べてみると、松木は、沖縄戦に参戦し、戦後・屋嘉収容所にいたという経験の持ち主だった。

つまりキャンプや試合でなく、兵士、そして捕虜として沖縄にいたのだ。

プロ野球キャンプを巡って軽く触れてみようと思っただけだったのだが、沖縄に横たわる歴史は、ずぶずぶとぼくを深みへと誘うのだった。

7

コロナ世のあとに

二〇二三年。あいかわらず新型コロナは波を繰り返しながらも収束はしていないが、五類に移行して以来、沖縄各地は急速に、活気を取り戻している。

大切な伝統行事、大きなお祭りも四年ぶりにかえってきた!! ハーリー（糸満ではハーレー）、闘牛、綱引き（那覇では「綱挽」、他地域では「綱曳」とも）、エイサー、エトセトラエトセトラ。

爽やかな熱気を感じながら、ぼくも気持ちをあらたに、沖縄各地を奔走している。

さあ、次の時代へ向かってレッツゴー・クレージー!!

7―1　誕生‼ 食のワンダーランド

目の前に並んでいるのは色彩豊かな魚たち。マクブやイラブチャーはわかるが、名前も知れぬ魚も多い。水槽の一画には、触角を突き出した赤黒い生き物がたくさん入って蠢《うごめ》いているが、よく見ると伊勢海老だった。その横には、巨大なアンモナイトのような巻貝が群れをなしている。夜光貝である。活気あふれる鮮魚店は、まるで原色の絵の具で塗られた子どもの絵画のようにカラフルで楽しい。恩人の映像編集マンが東京から来たので、奮発して、伊勢海老と夜光貝とハリセンボンを買い求めた。「上で食べていきますか」との店員の言葉に、ぼくは「はい」と頷いた。店員は素早く下さばきをして、それらを二階にある食堂に運ぶ。バトンタッチで食堂の店員が、それらを調理し、綺麗に皿に盛りつけた。「持ち上げ」と呼ばれる公設市場独特のシステムだ。供された新鮮な沖縄の海の幸に、恩人も満面の笑顔を浮かべている。

仮設店舗営業を続けていた第一牧志公設市場がリニューアルオープンしたのは、二〇二三年三月のこと。直後に赴いたが、天井が高く開放感があふれているのが強い第一印象だ。一階は鮮魚店や精肉店、果物店、乾物店などで、沖縄ならではの食材が並んでいる。二階には飲食店が一二店舗あり、あわせて八四の店で構成されている。地上三階建で、のべ床面積は、およそ五〇〇〇平方メートル。まさに「食のワンダーランド」である。

新装オープンの興奮さめやらぬタイミングで、公設市場組合長の粟国智光さんと市場近隣居酒屋で一献を交わした。粟国さんは、飲み友達で「居酒屋『考』」の常連でもある。「おめでとうございます」と言いながら乾杯をすると、ジョッキの生ビールをうまそうにひとくち飲み、粟国さんは、興奮したようなちょっと高い声でこう言った。

「七〇代、八〇代の世代が、『いい場所になったね。今から頑張るさあ』と言ってくれて盛りあがってます。四年間、仮設でやってきて、元の場所に戻れて、みんなが『おかえりなさい』と言ってくれました。周辺の事業者にも喜んでもらっています」

公設市場組合長の粟国智光さん

第一牧志公設市場の始まりは、戦後間もない頃にさかのぼる。この頃、開南地区のバス停付近に自然発生的に闇市が誕生したのだが、不法占拠であった上に、食品衛生面でも問題があったため、一九五〇年に那覇市が闇市の店々をたばねる形で那覇市営牧志公設市場を開設した。以来、「県民の台所」として親しまれてきた。近年は、県外や海外観光客が訪れる観光地としても人気スポットとなっていた。

「公設市場は、なんといっても、あんまー(お母さん)たちが、生き生きしている場所です。みなさん、その笑顔を見に来てくれる。元気もらった、と言って帰っていくお客さんも結構いますよ」

よかったことばかりではない。付近を流れるガーブ川の氾濫で幾度となく浸水し、さらに一九六九年には不審火で建物が焼失している。建て替えられたのは、三年後の復帰の年だ。それからおよそ半世紀。建物の老朽化のため、二〇一九年六月に閉場、沖縄振興特定事業推進費を主な財源に再建が進められた。

仮設店舗営業時に、関係者にコロナ陽性者が出たため、歴史上初めてとなる一週間にわたる「市場封鎖」も経験した。

「閉鎖の時はきつかった。市場を閉めるということは街全体を閉めるにひとしい。あの経験は二度としたくないですね」

粟国さんは先人たちが乗り越えてきた苦難の数々を思い起こし、「ここは辛抱の時」ととらえ、店どうしで助け合い、無事、リニューアルへとこぎつけた。

「今まで市場になかったものも取り込んで、次の世代につなぐ市場にならないといけないなあと思っています。人と人を多様的につなぐ市場を目指します」

何杯かのビールのジョッキがカラになっていた。粟国さんは、ちょっと上気した顔で力強く将来ビジョンを語った。

「戦前の東町にあった公設市場からの連続性を考えると、一〇〇年以上脈々とやってきた。今、みんなの一致団結を感じています。これからも五〇年、いや一〇〇年続くものにしないといけない」

店を出ると、あかりの消えた市場が目の前にあった。真新しい建物を見る粟国さんの表情は、慈愛に満ちあふれていた。

7―2　忘じがたきは遠き故郷《うちなあ》

窓のシェードをそっとあげてみると、暁の微光のもと、黒い密林が横たわっていた。深い茂みには幾筋もの太い川が滔々《とうとう》と流れている。どうやらアマゾン川の上を飛んでいるようだ。

二〇二三年四月終わり。ぼくが向かっていたのは、ブラジル・サンパウロである。彼の地に暮らすウチナーンチュに会いに行くのだ。米軍基地建設のため、故郷を追われた人々だった。

前述したように、かつて宜野湾に伊佐浜と呼ばれる地域があった。豊かな水源に恵まれ、戦前から稲田が広がる農村地帯だった。沖縄戦で深く傷ついたが、地域住民はふたたび立ちあがり、戦後ほどなく美田を蘇らせた。

しかし、米軍は、この肥沃な土地を見逃さなかった。一九五五年七月、「銃剣とブルドーザー」と呼ばれる強引な手法で土地を接収し、基地「キャンプ瑞慶覧」の一画にしたのだ。

伊佐浜住民は、沖縄各地に代替地を探したが、稲作に適した土地を見つけ出すことはできなかった。遠くは石垣島まで視察したが、候補地は農業ができる状態ではなかった。

そのような中、琉球政府が示したのは、大胆な提案だった。

ブラジルへの農業移住――。これに伊佐浜住民のおよそ半数の一〇家族六〇名が応じ、彼の地へと渡った。

それから六六年。

不条理ともいえる悲運のもと、異国に暮らすことになった人々は今どうしているのか。サンパウロ在住のコーディネーター木本クラリッセさんがブラジル全土に手を広げて消息を調べたところ、四人の元伊佐浜住民が健在と判明した。


日本の二三倍もの面積をほこるブラジル。世界各地から渡ってきた人々が共存している。到着して、さっそくサンパウロの東洋人街のリベリダーデを歩いたが、歩行者の肌の色の多様さに驚かされた。

到着翌朝に現地の撮影クルーと赴いたのが、フェイラと呼ばれる朝市である。日系人の経営する店が多いと聞き、その様子を撮影するのが目途である。クラリッセさんがよく使う八百屋さんの主人も日系人なので、話し掛けたところ、「ぼくのお父さんはね、平安座。平安座島出身なの」とちょっとたどたどしいが、ウチナーアクセントで応えてくれた。

さらに何気なくあたりの店の看板を見ていると「yamashiro」というパステル（揚げ物）店があった。話し掛けると、親が糸満米須出身の二世だった。

取材の冒頭からウチナー由来の人たちと出会うことができ、ぼくは興奮をおぼえた。移民が始まって一一五年。現在ブラジル全体で一六万を超えるウチナーンチュおよび沖縄にルーツを持つ人々が暮らしているという。

最初に面会した元伊佐浜住民が、澤岻安信《たくしあんしん》さんだ。サンパウロ中心部にある自宅に我々を迎え入れてくれたのだが、逢って早々、安信さんはぼくに対して不信の念を隠さなかった。

「あなたは、なんで今頃に伊佐浜の話を聞きたがるんですか」。ちょっと強い詰問調の言葉に少々うろたえながら、「伊佐浜の歴史を知りたいからです」と返答すると、九一歳になる安信さんは、「今頃ですか？」と言い、ちょっと乾いたような笑顔を浮かべ、「遅いですよ。あれからもう長い月日が経ってますからね」と続けた。

確かに安信さんの言うことはもっともだった。それでも食い下がるしか方法はなく、安信さんが納得するまで何度か繰り返し来意を説明したのだった。

二人目は、サンパウロ中心部近くに暮らす屋良朝二《ともじ》さん八四歳である。笑顔で迎え入れてくれたが、安信さんとまた違うハードルの高さがあった。屋良さんは、脳梗塞の後遺症のため、言語が不明瞭だったのだ。

三人目が田里友憲さん九〇歳。そしてその妻・雪子さん。友憲さんは、難病パーキンソン病を患っているため、言葉が少ないのに加え、その声は小さく聞き取るのが困難だった。雪子さんも大病を患ったばかりで、室内でさえ車椅子を必要としていて、体調は思わしくなかった。

ぼくは否応なく六十余年の時の重さを感じていた。

それでも四人は少しずつだが重い口を開き、往時のこと、そしてブラジルでの生活について語ってくれた。とりわけ、みんなに共通していたのが、故郷沖縄への強い思いだった。安信さんは、望郷の念を『ふるさとぬ想い』という唄にしていた。田里さんは、家でパーティーをひらいてくれたが、供された料理のメインはゴーヤチャンプルーなど沖縄料理だった。

屋良さんがポツリと漏らしたこんなひとことが象徴的だった。

「自分の島国ゆうか、生まれ島を忘れるのはちょっとないだろうね」

沖縄への忘じがたい思いが、各人の異国の地で暮らすエネルギーになっていたのだ。

遠く離れたブラジルに根を張る元伊佐浜住民たち。運命に翻弄されながらも、その奔流に抗い逞しく生きる姿に崇高さをおぼえた。

7―3　地球の反対・回る風車

夕暮れ時、鉄筋の新築ビルに、正装したウチナーンチュの老若男女が吸い寄せられるように入っていく。入り口に掲げられている表札にはこう書かれている。

ビラカロン沖縄県人会館。

ブラジル全土に散らばり暮らすウチナーンチュとその子孫だが、サンパウロ州だけでも、実に三三もの沖縄県人会があるという。最大規模の人口を誇るビラカロン地区の県人会館は、地域に暮らす沖縄由来の人たちが財を出し合って建てたそうだが、かなり立派だ。それだけでなく道路を隔てたところに野球場ほどの広場があるのだが、これも県人会が使うグランドで、この日の昼下がりには、ゲートボールを楽しむウチナーンチュたちで賑わっていた。いったいここがどこなのかわからなくなるくらいだ。

さて、なんで県人会館に多くの人たちが集まってきていたのか。

この日、開かれたのがカジマヤーだった。カジマヤーとは、沖縄の言葉で風車を意味する。数え年で九七歳になると、ふたたび子どもの心に戻るという言い伝えにちなむ長寿を祝う行事だ。

主人公は、旧東風平町生まれで、ボリビアに移り住み、その後、ブラジルに転じた新垣シンクンさんだ。会が始まる前に挨拶をすると、「今日というゆかる日に、わざわざ足をお運びいただき、ありがとうございます」と深々とお辞儀を返してくれるような古風で律儀な方だった。

沖縄ではまず、風車を持った主役がオープンカー（地域によっては牛車、農耕用車）に乗り込み、地域をグルグルと回ったあとで祝宴に移るのだが、ブラジルではお披露目の儀式はカットで、宴席だけのようだ。それだけに宴にかける熱はすごいもので、とにかく次々と出し物が途切れることなく続いた。

まずは正当な琉球楽曲の演奏。祝儀の席の冒頭で奏でられる「かぎやで風」が披露された。カジマヤーの新垣さん本人も三線弾きで堂々と参加していた。そして歌自慢によるカラオケコーナーや婦人会のフラダンス!! などめくるめくエンターテインメントの連続である。盛りあがっていく一方だが、肝心の主役が置いてきぼりになりかけた時、孫やひ孫たちのおじいちゃんへのプレゼント贈呈式となり、各テーブルから温かい掛け声が寄せられ、携帯のレンズが向けられた。ウチナーンチュのノリの良さにラテンのノリが加わり、会場の熱はたかまっていた。

満ち足りた表情を浮かべる新垣さんに話を聞いた。

「沖縄を離れて、辛い日々がたくさんありました。でも、今、健康に子孫にもめぐまれ、こんな幸せなことはありません」

祝宴の最後に演奏されたのは、「唐船《とうしん》ドーイ」。エイサーのトリとしてよく使われるノリの良い楽曲だ。曲が始まってまもなく、みんな一斉に立ちあがり、両手をかかげ、右に左にゆったりと動かしていく。ぼくらは壇上から撮影をしていたのだが、カチャーシーのうねりは圧巻だった。

若者たちに囲まれる新垣さん

みんな各様に苦難を抱え、格闘してきたに違いないのだが、何ごともなかったかのように笑顔を浮かべ踊りに興じる人々の渦を見ているうちに、熱いものがこみあげていた。世界にはばたくウチナーンチュの並々ならぬ底力を実感したのだった。

7―4　梅雨明けの鉦の音

カン、カン、カンとハーレーシンカ（漕ぎ手）の調子を取るための鉦《かね》の音が、港全体に高らかに響く。エーク（櫂）を漕ぐ男たちの熱気が、掛け声とともにこちらに伝わってくる。港の岸に陣取った老若男女は、手を叩き、声援を送り、パーランクーを叩き、指笛を鳴らす。幟旗《のぼりばた》を振る人たちもいる。晴れ渡り灼熱がおおっていたが、それにも負けないようなすごい熱気だ。

ぼくがいたのは、糸満漁港である。目の前で繰り広げられていたのは、ハーレー（沖縄全般ではハーリー）だ。

旧暦の五月四日は、沖縄では「ユッカヌヒー」と呼ばれ、菓子やご馳走で子どもたちの健康と成長を祈る日、「子どもの日」である。同時に、各地では、伝統漁船サバニ＝爬竜船《はりゅうせん》を使ったハーリーが開かれる日でもある。その年の豊漁と航海安全への願いがこめられたタイムレースだ。

春から夏にかけての大事な行事で、歴史は古く、実に六〇〇年前に始まったのだという。しかし、コロナ禍はこの伝統をも開催自粛に追い込んだ。

今年、漁師町の糸満の「糸満ハーレー」が、四年ぶりに「ユッカヌヒー」にあたる六月二一日にひらかれた。糸満市では、この日、公立の小中学校が休みになるなど、地域をあげた大イベントである。

港内のおよそ四〇〇メートルを往復する形で行われた。古式ハーレーにのっとった衣装を纏《まと》い一年の豊漁と安全を祈願する勇壮な「御願《ウグワン》バーリー」に始まり、一般参加の職域や学校対抗、門中対抗もあった。二一五〇メートルもの長距離を競い合う「アガイスーブ」というものもあった。

風変わりな競技に「あひるとり競争」がある。希望者が海に入り、あひるを生け捕りにするのだ。不思議な競技のゆえんを糸満出身の潤さんが教えてくれた。

豊漁と航海安全への願いをこめたハーレー

「糸満のウミンチュたちは、当然ながら泳ぎが達者でなくてはいけない。漁では、潜ることもある。漁師の鍛錬として泳ぎも潜りも達者なあひるを捕まえるようになったのがもともとの起源のようです」

驚かされた競技が「クンヌカセー」だった。「西村」、「中村」、「新島《みぃじま》」の三つの集落の代表が競い合ったのだが、レースの途中で号令がかかり、すべての船が一斉に転覆したのだ。そしてハーレーシンカたちは再びサバニに乗り込みゴールを目指していった。なんでわざと転覆したのか、誰かに聞いたら、海難にあった時のリカバリー訓練が由来ではないかと教えてくれた。真偽のほどは定かではない。

この日は浜比嘉島や奥武島《おうじま》、石垣島、久米島、宮古島でもハーリーが行われたという。

潤さんはこう教えてくれた。

「翌日の旧暦五月五日は『後生《グソー》バーレー』と呼ばれ、海で亡くなった祖先たちが漁港でハーリーをする日とされています。漁師たちはこの日ばかりは海には出ないで陸でゆっくり過ごし、祖先を供養するという風習です」

ハーレーの鉦の音色が聞こえると、梅雨が明けるといわれている。今年の梅雨明けは実際にはもう少し早かったが、ぼくは地域に根ざす伝統の美しさと熱気を感じていた。

7―5　豊年を引きよせる

「仲村渠の綱挽、行きませんか」

水上店舗のビール工房オーナーの由利さんにそんな声掛けをしてもらった。ちなみに「大阪のウチナーンチュ」で前述したが、仲村渠＝なかんだかり、と読む。難易度の高い固有名が多い沖縄だが、なかでも「読み方クイズ」常連のひとつが仲村渠で、ぼくも最初は読めなかった。

由利さんへの回答は、むろん、即答でイエスである。沖縄各地で行われる綱挽だが、南城市仲村渠ではコロナ禍で中止が続いたため、前述した糸満のハーレー同様、開催は四年ぶりとなる。

仲村渠への車中、由利さんは、自身と集落のつながりを語ってくれたのだが、そもそもの発端が、衰退した米作りを復活させようと、数年前に地元の若者が始めた「稲作会」だった。

「仲村渠の友人に誘われて、面白そうだと思って、参加することにしました。でも稲作復活に取り組もうという気概はいいんですが、実際の経験者はひとりもいなかったんじゃないですかね。全部手作業で古い農具なんかも年配の方に使い方を聞いてやっていました」

那覇を出て四〇分ほどで、ぼくのおんぼろ軽自動車は、仲村渠に到着した。一番大きな集落がある場所は丘陵地で、海が一望できて気持ちがいい。周囲を歩くとびっくりするほどあちこ

仲村渠の綱挽の綱

ちで水が湧き出ていた。中でも圧巻だったのが、地域で「ウフガー」と呼ばれる仲村渠樋川である。大きな石壁を水が伝うように流れていて、まるで古代ローマの沐浴場のようだ。湧水を見ているうちに、地域では水が豊かだから昔から稲作が盛んだったのだと合点する。仲村渠の稲作会のアクションは、地域のプライドを取り戻そうという動きだったのだ。

集落の中央にある児童館の前の広場では、綱挽の準備が着々と進んでいた。最前方が輪になっていて蛇の尻っぽみたいに細くなっていく綱が二本あった。雄綱と雌綱である。本番ではこの輪の部分にカナチ（那覇ではカヌチ）と呼ばれる棒を通すことで五〇メートルの一本の綱になるのだ。住んでいる地域で「上組」「下組」の二チームにわかれ、競い合う。上組は「乾坤六子」、家族仲良く大願成就、下組が「四季順和」、豊年祈念を旗印にしていた。

四〇〇年の歴史があるという仲村渠の綱挽。沖縄の農村部では〝綱を引くことで豊年を引き寄せる〟とされ、豊作祈願・厄払い・害虫よけ・雨乞いの意味が込められ、勝負の結果で吉凶を占ってきたという。我々が綱挽というと、ついつい運動会の綱を連想してしまうが、仲村渠の綱はぶっとかった。総重量は二〇〇キロという。実は稲作会の活動、この綱作りにも大きく関わっていると由利さんは意外な裏話を教えてくれた。

「食用としての稲は当然重要ですが、稲作会の本当の目的は藁にあるんです」

由利さんは笑いながら言を継ぐ。

「綱挽の綱を自前の藁で作る。これがやりたい。このために極めて重労働の稲作を仲村渠の人たちはひとつになって手作業でやってるんです」

一週間ほど前から大量の藁を束ねて太綱を作るのだが、今のところ、地元の藁だけだと分量が充分でないため、金武町から仕入れたものも利用しているという。

「いつか地域の羽地赤穂の藁だけで綱を作りたい。そんなことを真剣に考えている人たちが集まっているから仲村渠は面白いんです」

たっぷりと時間をかけて神への祈りを奉じる踊りが舞われ、綱挽が始まったのは、夜八時半過ぎ。参加者は一五〇人ほどである。稲作会のメンバー由利さんも当然ながらその一員。この日のために、地域に戻ってきた人たちも多いようだ。

左右から運ばれて来たそれぞれの綱の輪が重なりカナチ棒が通された瞬間、火蓋は切られた。由利さんは、その熱戦をこう振り返る。

「綱は重く、それだけでも大変なのにカナチ棒が入っている結び目をまるでバスケットボールのドリブルのように上下に大きく揺らすんです。みんながワァーっと全力をぶつけ合う。そりゃもう始まった瞬間に我を忘れて熱狂しました。勝った時は知らないおじさんと声を掛け合い、ハイタッチしてましたね」

勝負は二回あったが、上組下組がどちらも一勝一敗という結果だった。

誇りとする伝統行事が戻ってきたことを地域全体で喜んでいるのが、こちらにも熱く伝わって来たのだった。

7―6 未知との遭遇

沖縄に来て以来、どうしても見たかった最大級のものが闘牛だ。「ウシオーラセー」と呼ばれ、古くから愛されている競技だが、コロナ禍のため自粛が続いていた。

二〇二三年夏、新聞紙面で闘牛大会の開催を知らせる記事を見つけ、心が躍った。ようやくのチャンス到来である!!

向かったのは、沖縄島中部のうるま市だ。高速を降りたところで、「闘牛のまちうるま」と書かれた大きな看板が出迎える。うるま市は、沖縄の中で闘牛が最もさかんで、「闘牛王国」と呼ばれているらしい。大きな闘牛場が三つもあるというからびっくりだ。

この日に石川多目的ドームで四年ぶりに開催されていたのは、沖縄を代表する闘牛が集う「夏の全島闘牛大会」だ。会場の横にはパドックがあり、出場する牛たちが勢子《せこ》たち

うるま市の「夏の全島闘牛大会」

とともにスタンバイしていた。ちょっとした緊張感と高揚感が入り混じっていた。

観客席はほぼ満席。おじさんばかりかと思いきや、年齢層はバラバラで、家族連れも散見される。勇ましさに惹かれるのか、米兵にも人気があるようで、見るからに屈強な外国人の姿もあった。

この日繰り広げられるのは、一〇の闘いなのだが、ユニークな「リングネーム」が多い。「ちょこっとパンダ」、「徳王会☆三合瓶」「亜華梨豪鬼《あかりごうき》」などなど、笑うべきなのか、真面目に受けとるべきなのか……。闘牛の世界では、島同士の交流があるようで、二〇頭のうち九頭が闘牛の本場・鹿児島県徳之島から来沖した牛だった。

牛たちはリングアナの紹介と喝采と音楽にあわせて入場するのだが、井上尚弥の試合のような戦意を鼓舞するビートから、鳥羽一郎（と思う）の演歌まで選曲は幅広い。タイミングよく入場とあいなればかっこいいのだが、大抵、アナのコールが終わってから、時には完全に曲が鳴りやみ場内が静まったタイミングでようやくリングにのぼる。これはなぜなのか、最後までわからなかった。人間と違って、思いのままにいかないのかもしれない。

審判や行司はおらず、二匹の牛たちの額がぶつかったところで試合は始まる。ちょっとだけ相撲の間合いに似ている。リングアナは、牛の横にいる勢子を闘牛士と呼んでいたが、闘牛士たちは、自分の牛に向かって「イーヤ、イーヤ」などと声掛けし、闘争心をあおる。かなりエネルギーを使う仕事のようで、闘牛士は、仲間内で何度も交代していた。

牛たち各々の重量は、一トン前後の「超重量級」だ。額を付き合わせ、前足で踏ん張り、押し相撲でお互いプレッシャーをかけていくのだが、相手がこらえきれず根負けしバランスを崩すか、怖気づき尻を向けたらそこで勝負あったとなる。制限時間はなく、短い試合はわずか数十秒（この日はあん樹彦星VS天刃カキヤーの四五秒）だが、時には長引き三〇分を超えることもあるらしい。牛たちもたいへんだ。

大トリが注目のタイトルマッチ・中量級優勝旗争奪戦である。緊張感あふれる大迫力の試合だったが、素人のぼくでは試合の解説が覚束ないので沖縄タイムスを引く。

「短いタッチュー角で黒獣王《くろじゅうおう》の顔面めがけて突き割る闘勢心玖流《とうせいくくる》に対して、自信満々の黒獣王もガン角を巧みに使いながら応戦」

ファン以外にはなかなか難度が高い描写だが、迫力満点感はバシンと伝わってくる。あえて味気なく省略化すると、はやる若者をいなすベテラン、というところか。結局、これまで一一戦無敗の黒獣王が貫禄を見せつけ、一四分二四秒で勝ちをおさめた。これがこの日の最長試合になった。

五十半ばを過ぎると、初体験は激減しているが、闘牛初体験は、未知との遭遇すぎて、体内細胞が強烈な刺激に揺さぶられ、わさわさと蠢きやまなかった。

7—7　体幹に響いたビート

二〇二三年九月。沖縄市コザ運動公園で開かれたのは、四年ぶりとなる「沖縄全島エイサーまつり」だった。三日間に渡って開催されるもので、初日は、国道三三〇号とコザ・ゲート通りでの「道ジュネー」、二日目が沖縄市青年団協議会による「沖縄市青年まつり」、そしてぼくが赴いた最終日が、全島から集まった青年会による、エイサー大会である。

出場したのは、エイサーが盛んな沖縄中部をメインとした一三組。ぼくのお目当ては、地元沖縄市の園田青年会だった。「南嶽節《なんだきぶし》」で入場し、「仲順流り（ちゅんじゅんながり）」、「クーダーカー」、「スンサーミー」「トゥタンカーニー」など速いテンポと切れ目のない曲目にあわせ一〇〇人ほどの若い男女がスタジアムいっぱいに広がり演舞を披露した。

大太鼓、締太鼓の力強いバチさばきがつくりだすビートが、スタジアム全体に響きわたる。華やかなアクロバティックな動きをしながらも、全員がピタッと同じ動きをしていて、格好いい。絣をまとった女性たちの手踊りはしなやかで優美である。息が揃ったエイサーの真髄を堪能した。

エイサーは、お盆の季節に先祖の霊を迎え入れ、そして送り出すための儀式である。もともとは踊り念仏が起源のようで、明治時代あたりから盛んになったようだ。五穀豊穣、家内安全、無病息災などへの願いもこめられている。現在のように太鼓を使ってリズミカルかつダイナミックなスタイルになったのは、戦後一一年目に始まったこの「沖縄全島エイサーまつり」で各地のエイサーが競い合うようになってからだという。

「海ヤカラー」、「いちゅび小節（いちゅびぐゎーぶし）」など聞き慣れた曲と青年会のうねりを見ているうちに、息子が懸命に締太鼓を叩いていた姿やふたりの娘たちのあどけない女手踊りを思い出し、重ね合わせていた。

実はぼくの三人の子どもたち全員が、東京世田谷の和光小学校時代にエイサーを習っていたのだが、指導してくれたのが園田の青年会だった。沖縄学習旅行の夜に直接手ほどきを受け、青年会が東京公演などの機会には、小学校まで来てくれていたのだ。

そんなことを思い起こしていたら、それが呼び水になったか、びっくりすることがあった。次女の小学校時代の担任の東田先生に会場で出会ったのだ。園田青年会の手伝いに来たという。こんなことってあるの？　と驚愕したが、せっかくなので和光小学校の園田とのつながり、エイサー学習の意味をあらためて聞いてみた。

「園田エイサーは子どもたちの憧れであり、目標です。地元との直接の交流は生きている芸能と直接出会える機会であり、貴重だと思っています」「相手とシンクロしたり合わせたりする面白さや感応する能力を子どもたちにつけて欲しいと思っているので、そういう点では園田は素晴らしい相手だと思っています。そしてその地域との強固なつながりや伝統を頑なに守る姿勢、祖霊と地元を大事にする青年たちと子どもたちが出会うことにも意味があると思っています」

この日、園田エイサーが、最後に選んだ楽曲は、ノリのいいアップテンポの「唐船ドーイ」。ぼくはたまたま出口近くに陣取っていたのだが、園田の若者たちは、ぐいぐいと近づいてきて、真横で留まり舞ってくれた。なんという幸運!! アタガフー!!! 地を揺るがすようなビートが体の芯まで浸透し、大感動の夕べとなった。

7―8 炎《ほむら》とともに立つ

ほんとうに、ここがぼくの住むわが街・壺屋なのだろうか。

日頃通い慣れた拝所ビンジュルグヮーだというのに、まったく別の場所のように思えてならなかった。

そこにいたのは、数人の少年少女と太い木柱を抱いた筋骨たくましき男たちだった。高まる鼓動を抱えたまま、ぼくはその熱気の渦に、突入していった。

近所の町内会掲示板に貼られた一枚のポスターがきっかけだった。

「旗頭募集　壺屋華鳳会」

綱挽がさかんな那覇だが、旗頭とは、綱挽を盛りあげるために、本番前にあげる幟のことである。

幟は太く長い丸太のような棒につけられ、それを持ち手が力くらべをするように交代交代で持ちあげ、地域の結束力をアピールするというものだ。

壺屋は、旗頭に力を入れており、陶芸とともに街のシンボルとなっている。そんなこともあり、ぼくが引っ越した当初から、近隣の方から「旗頭に参加したら」「華鳳会に入ったらいいですよ」などと言われていた。だがその時は、コロナのピークと重なり練習も発表の場も少なく、ぼくの参加の機会はないように思えた。

一転して昨年の秋は久しぶりに那覇大綱挽が開催されることになり、壺屋の旗頭は本格的な活動を再開した。しかし、ぼくはというと、その場に参加する勇気を奮い立たせることができず、ビンジュルグヮーから聞こえてくる掛け声と鉦の音に祭りの予兆を感じながらも、喪失感に似たさびしさを味わっていた。

今年も九月初旬、翌月の那覇大綱挽に照準をあわせて本格的に旗頭の練習が始まり、夜な夜な鉦の音がやちむん通りに響くようになった。

もうあの切なさを味わいたくない。そして何よりも壺屋住民として、地域最大の祭りにしっかりと参加したいという気持ちがたかまっていた。町内会ポスターの文字も目に焼きついていた。

そこで、決意した。

練習開始から一週間たったタイミングで、ぼくは勇気を振り絞って、練習会場のビンジュルグヮーに赴いたのである。

夜七時過ぎ。広場では数人の大人の指導のもと、七、八人の中学生が練習していた。女子たちは鉦を鳴らし、男子は大きな木柱を代わる代わるに持ちあげていた。柱は、ぱっと見で、数メートルはある。みんな真剣そのもので、五十半ば過ぎた身には、とうてい出来そうもないと思えた。ぼくの入りこむ隙はなさそうに思え、場違いなところに来てしまったという気持ちがたかまり、心がポキポキと音をたて折れるのを感じた。

でも、ここで退散したらすべてが水泡に帰してしまう。またしても鉦の音色を切なく聞くことになってしまう。練習を邪魔するわけにはいかず、気まずい気持ちをかかえながら一時間ほどタジタジと傍観した末に、大きく息を吸い込み当たって砕けろの気持ちで近くにいる人に入会の意志を伝えた。すると。

「もうすぐ会長が来るから、彼に言ってくださいね」

しかし、次々と人が来るのだが、誰が誰だかまったくわからず、それでいて全員が偉い人に見えて、片っ端から参加希望の挨拶を繰り返したが、誰ひとりとして会長ではなかった。

疲れ切ってあきらめの気持ちが蘇り心身を覆った瞬間、中量級のボクサーのようなガッチリとした体躯の男があらわれた。

「わたなべこうさんね。ようこそ」

彼こそ壺屋華鳳会の会長・小底《こそこ》英光さんだった。小底さんは、謎の闖入者をビンジュルグヮー脇にある公民館に誘ってくれた。ちょうど幸運にもこの日が役員会で、急展開で、ぼくは壺屋華鳳会の末席に名を連ねることを許された。

「わたなべさんも、実際に旗頭、持ちますか」と言われたものの、怪我することは必至なので、あれこれ言い訳をしたところ、給水係という大事な役割を担うことになった。

公民館の壁を見やると、白黒から真新しいカラーのものまで、数々の写真が貼られていた。旗頭が舞う姿、担ぎ手たちのグループショット……。壺屋旗頭の年輪を感じさせる写真群だった。小底さんが、地域の旗頭の歩みを教えてくれた。

「壺屋で旗頭をやるようになったのは、一〇二年前の大正一〇年。戦争の前に途絶えたが、復帰の前年にふたたび復活したんです。那覇の大綱挽の時が本番です。ちなみに大綱挽の開催日はあえて十・十空襲と同じ一〇月一〇日になっていて、平和と復興の象徴なんですよ」

公民館の壁高くに掲げられた丸い太鼓のようなものに目が吸い寄せられた。旗頭の竿の最先端につけるトゥールー（灯籠）と呼ばれるものと知ったが、真っ赤に燃える炎の中には文字のようなものが描かれている。小底さんが、ちょっと誇らしげに、曰くを教えてくれた。

「壺屋といえば、やちむん。やちむんといえば炎です。中にあるのは、ロクロ。その上には王という文字。壺屋に焼き物文化をもたらした尚真王を敬っての一文字です」

法螺貝、鉦、ドラ、太鼓。長崎のくんちを連想させるような音色とともに、旗が高々と掲げられる。

竿の長さは二一尺（約六・三メートル）でそこにトゥールーなどをつけると、重さは五〇から六〇キロになるという。

華鳳会の一員となった二日後に、壺屋の旗頭の真骨頂を目の当たりにすることができた。国際通り、平和通り、そして公設市場で披露されたのだ。

小底さんが傍らに来て、こう語った。

「今みたいに無風だったらいいけど、雨が降ると、まず旗が水を含みます。そして風の時にはそれに揺さぶられる。だからけっこう重いんですよ」

旗頭持ちの腰を見ると、サラシがコブのように巻かれ、その上に旗頭がのせられていた。持ち手の周囲にはサポートメンバー（合掌《がっそう》と呼ばれる）が取り囲み、「サーサー、サーサー」と掛け声をよせる。時に持ち手がバランスを崩すと合掌は十手のような棒（これも合掌と呼ばれる）でそれを支える。どんなことがあっても、倒してはいけないもので、各人の表情は真剣そのものだ。ぼくは、初めて見る本格的な旗頭の迫力に圧倒された。

合掌に支えられる旗頭

それ以後、ぼくは、日毎の華鳳会の夜の会合に参加することになった。新入りの身分なので、なかなか居場所を見つけるのは簡単ではなかったし、みんなの話題にはほとんどついて行けず、中学校の部活に学年途中で入ったような緊張と居心地の悪さが続いたが、周囲のみなさんもだんだんとぼくを容認してくれるようになっていった（ように思えた）（と信じたい）。華鳳会のメンバーは、地元壺屋を中心にした旗頭を心から愛する情熱あふれる、そして個性豊かな素敵なウチナーンチュたちだった。

本番が近づいたある夕方、小底さんから電話が入った。

「こうさん、今晩、公民館に来れる？」

むろん、華鳳会のミーティングは、何よりも最優先事項である。

「旧暦の八月一五日、お月見をやりますので、ぜひ参加して」

あいにくのざんざんぶりの雨で、月見はできそうになかったが、実はもっと大事なことがあった。小底さんは、部屋に入ってくるなり、「ウートートーをするぞ」と宣った。ウートートーとは、神さまにお祈りをすることだ。神前に供えるものは、旗頭にとって最も大事なものだった。

「タイミングよく今日仕あがったんです。あたらしい旗字が書かれたあたらしい旗。これを今回の那覇大綱挽で使うんです。その前に神様に報告しないといけない」

小底さんはそう言い、濡れないように傘をさしながら旗をビンジュルグヮーの前に供えると、華鳳会のメンバーは、それにあわせるように一心に祈りを捧げた。御願はみんなの健康祈願も兼ねたものだった。旗頭が、地域の神とつながった「神事」でもあることを痛感させられた。

あらたな旗は紫地で、流麗な「鳳舞」の二文字が躍る。

「鳳のように、不死鳥のように、はばたく。そして目立つ。それが壺屋の気概です」

その後は、部屋に戻り宴となったが、少したつと雨はやみ、家路についた時には、やちむん通りの天高くに満月は光り輝き、我が心を清めてくれた。

新たな旗とトゥールーの前に立つ著者

那覇大綱挽の前々夜。この日は、メンバー各々の役割分担が発表され、腕章を授与される日だった。新入りのぼくには何もないだろうと思っていたところ、司会の潤さんがぼくの名を呼びあげた。担当は「カヌチ」係。大綱挽の雄綱と雌綱が結合する時、横で支える大事な役割と知る。責任重大である。

いよいよ那覇大綱挽の日が到来した。

小底さんは、「大綱が米軍の那覇軍港から会場に運ばれるのを見ませんか」と誘ってくれた。「ただし、三時起きだけど」。めったにない機会の提示に、早起きの自信はなかったが、「はい」とこたえていた。

朝三時過ぎ、小底さんと華鳳会・会計の横山和子さん、ユーチューバーの沖縄サムライさんと一緒に那覇軍港に行くと、すでに雄雌・ふたつの綱は大型トラックに乗せられていたが、その巨大さに度肝を抜かれた。それぞれ一〇〇メートルの長さで、総重量は四〇トンに及ぶという。その搬出から、メイン会場の久茂地の交差点付近に設置されるまでの一部始終を見ることができ幸運だったが、睡眠不足で祭り本番を迎えることになった。

早朝、国道58号に運ばれてきた大綱

午前八時に公民館に赴くと、さっそく旗頭の装束・股引半套(ムムヌチハンター)を手渡された。新品の股引半套をまとうと、否応なく気持ちが引き締まった。九時前、準備を終えた壺屋の旗頭は出発した。この日の最初のミッションは、ぼくと同学年のカレー料理店主の金城健二さんとともに給水係である。水を乗せた台車は重く、思いのほかの重労働だった。まずは地元壺屋・やちむん通りでこの日初めてお披露目された旗頭は、その後、桜坂にあるリゾートホテルなどいくつかの場所を巡ったあと、国際通りに到着した。

ここで他の一三地域の旗頭とともに、およそ一マイル（一・六キロ）の道のりを練り歩く大綱挽行列（うふんなすねーい、と読む）が行われた。他の地域に負けぬものか、と壺屋の旗頭のメンツのボルテージがあがっているのがわかる。新調された紫の旗頭が、真っ青な那覇の空を踊っていた。黄金に輝く鳳舞という二文字が、不死鳥壺屋を象徴しているようで、まぶしかった。ぼくは、みんなが熱中症にならないよう、水とスポーツドリンクを配りまくった。

無事、国際通りを歩き終えた時は疲労困憊だった。しかし、これでホッはできなかった。すぐに大綱挽そのもののサポートにまわらないといけなかったのだ。

ぼくの役割はカヌチ係。

雄綱と雌綱はまだ一本になっておらず、一〇メートルほど離れて国道五八号に横たわっているため、双方を別の綱で引っぱり近づかせ、結合させないといけない。その時に綱が倒れないようにカヌチと呼ばれる一メートル半ほどの棒で支えるのがぼくの務めだった。カヌチ係は、五〇人ほど。

股引半套をまとう筆者

ぼくのすぐ右隣は沖縄サムライさんだった。見よう見まねでやるしかなかったが、周囲は殺気立ち、怒号が飛びかい、さらにはおしくらまんじゅうのようになり、命の危険を感じた。みんなが引っ張る綱が背中にあたり激痛が走る。誰かのカヌチが一本、綱に飲み込まれるように下敷きになり、ミシミシと音を立て砕けた。

ぼくは身体中の力を出し切り、「ハーイヤ、ハーイヤ」と振り絞れるだけの声を出し、綱を支えた。必死だった。頭は熱くなっていた。周囲とぼくが一体化している実感がわいた瞬間、予想もしてなかった熱いものが胸にこみあげていた。何か遠く忘れてしまっていた原初の記憶・大切な感情のように思えた。雄と雌の綱が結合し一本になった時は安堵と高揚感につつまれた。

今年の那覇大綱挽は、東西とも一歩も引かない白熱した勝負となったが、制限時間三〇分の残り一分のタイミングで、壺屋が所属する東が勝利した。

祭りを終えて、公民館に戻り、みんなと乾杯をした瞬間、安堵と達成感と疲労などがごちゃ混ぜになり、自分の足が地についていないような感覚を味わった。でも、自分が何かに向かって一歩前進できたのは間違いないと思うと、なんだか楽しくなってきた。そんなタイミングに、小底さんが、ぼくの横に来て、コップに泡盛をなみなみと注いでくれた。

「こうさんが来てくれて、嬉しかったよ。これからもよろしく」

大きな感激が湧きあがった。ようやく、沖縄に迎え入れてもらえたという気持ちだった。

深い、深い沖縄。

これからも、変わらず、レッツゴー・クレージー!! の気概で南国をタイムトリップしていこうと思う。

深遠なるものへの無謀な挑戦——あとがき

その瞬間、全身をひかりのようなものが駆けぬけた。

まだ沖縄に移住する前の二〇二〇年秋のことだ。

私は、ふたりの娘と読谷のビーチリゾートで休暇を過ごしていた。とあるタイミングで、娘たちと別行動をとった私は、近現代史の専門家に会うために沖縄市に向かった。レンタカーの窓を全開にしていたのだが、ちょうど嘉手納基地の横を通る時に生ぬるい風が吹き込んできた。それを鼻孔で受け止めた途端、冒頭のような状態になったのだ。

自身に起こった正体不明の意味深な現象は何なのか。あっ、と思った。鼻に残った湿った土と植物の青臭さ、そして合成洗剤の入り混じったような微香は、私がかつて二年間住んでいたミクロネシア連邦ヤップ島の風の匂いとまったく同じだったのだ。そして、郷愁にも似たものに浸る間もなく、耳孔に飛び込んで来たのは、ゴーッというジェット戦闘機の轟音だった。

何者かからの「啓示」に思えた。

この風が吹く場所に住みたい。ただ安穏とではなく、いまだに様々な不条理が現前する土地で自分なりにできることに取り組みたい。自分の心が決まった瞬間だった。

東京に戻った私は、沖縄行きを強く志願した。そしてありがたいことに、その願いは半年後に成就した。

沖縄の風にあらたな人生の局面へと誘われ、まもなく三年となる。沖縄の事象は、掘っても掘っても掘り尽くせない鉱脈のようなものだと感じる。ひとつのことを調べるとそれが次へと連なり、終わりのないカードゲームにはまった気分になることもある。

つまり……深淵なのだ。

悲喜こもごもの歴史が、幾重にも層をなす沖縄に、無謀にも初心者の私が触れようとしたのが本著である。あまりにも大きな存在をそんなわずかな期間でとらえられるはずはないとわかっているが、そのあがきを少しでも共感いただけたらという気持ちだ。

本著に出てくる方々の中に、執筆中に他界された人たちがいる。冒頭で引いた大江健三郎さん。『沖縄ノート』の終章で「沖縄を核《コア》として、日本人としての自己検証をめざすノート」を「開いたまま自分のうちに持ちつづけるだろう」と記し、「この問いかけを自分の内部の永久運動体として持ちつづけてゆこう」とする氏の言葉に倣い、私も沖縄を記したノートを開き続けるだろう。

芭蕉布の人間国宝平良敏子さん。大宜味喜如嘉の工房で芭蕉布作りに励まれていた姿が瞼の奥に焼きついている。

突然の訃報が舞い込んだのは、今年（二〇二三年）七月のことだった。敏子さんの義妹でもある平良啓子さんが、大動脈解離のため他界した。八八歳。

本章には記せなかった、こんな重いエピソードがある。対馬丸には、親しい友人も同船した。「啓子が行くなら」という理由だった。漂流当初、友人も一緒に樽につかまっていたが、やがて波に流され行方不明となった。帰郷した時、友人の母から「あなたは元気で帰ってきたのに、うちの子は太平洋に置いてきたの」と言われたという。戦争は生き残った者の心まで傷つけてしまうのだ。自分だけ生き残ったという罪責の念も啓子さんの平和活動の原動力だったのだ。

戦争を深く体で受け止めていた方々が次々とこの世を去る中、そして世の中がきな臭くなっていく中、自分の果たすべく役割を日々考えている。

編集協力の古塚達朗さん、校正にあたっていただいた宮城一春さん、いろいろと助言をくださった仲里効さん、ありがとうございます。編集担当の三井隆典さんには、最後まで無理をお願いしてしまった。福岡の月刊誌『九州王国』の連載が本著誕生の起爆剤となった。編集長の上田瑞穂さんを始めスタッフに感謝である。いつもながら、妻・美樹の支えなしには本著は実現しなかった。他にも数え切れない人たちに支えられました。いっぺーにふぇーでーびる。

沖縄は、残りの人生を尽くしても、その一端にすら到達できない存在でありながら、女神のようにこちらを包み込むあたたかい場所だ。沖縄に出会えてよかったと心から思う。

これからもしっかりとウチナーを見つめ続けていきたい。

那覇大綱挽の喧騒の余韻残る壺屋にて

渡辺　考

《主要参考文献》

沖縄大百科事典　（沖縄タイムス社）
沖縄県地名大辞典　（角川書店）
琉球史辞典　（琉球文教図書）
沖縄ノート　大江健三郎　（岩波書店）
出発は遂に訪れず　島尾敏雄　（新潮社）
沖縄の歴史と文化　外間守善　（中公新書）
沖縄にこだわり続けて　平良修　（新教出版社）
琉球王国　高良倉吉　（岩波書店）
沖縄戦 強制された「集団自決」　林博史　（吉川弘文館）
沖縄のノロの研究　宮城栄昌　（吉川弘文館）
絵で解る琉球王国 歴史と人物2　（ＪＣＣ出版）
生き残る 沖縄・チビチリガマの戦争　下嶋哲朗　（晶文社）
東方諸国記　トメ・ピレス　（岩波書店）
すべての人の心に花を　喜納昌吉　（双葉社）
ハイサイー・沖縄言葉　ウチナーヤマトグチ　藤木勇人　（双葉社）

渡辺 考（わたなべ・こう）

1966年東京都生まれ。NHK沖縄放送局チーフディレクター、作家。早稲田大学政経学部卒。1990年NHK入局、ETV特集、NHKスペシャルなどを担当し、手掛けた番組でギャラクシー賞選奨、放送文化基金賞、橋田賞などを受賞。映画『father』を監督。著書は多数に及び、『ゲンバクとよばれた少年』（講談社）で第24回平和・協同ジャーナリスト基金賞を受賞。他に『戦場で書く――火野葦平と従軍作家たち』『特攻隊振武寮』（朝日新聞出版）、『プロパガンダラジオ』（筑摩書房）、『最後の言葉』（重松清との共著、講談社）、『もういちどつくりたい テレビドキュメンタリスト・木村栄文』（講談社）、『沖縄 戦火の放送局』（大月書店）、『まなざしの力』（かもがわ出版）など。

ディープ・オキナワ
――永住願望!! テレビディレクター、南国の歴史を旅する。

2023年12月25日　第1刷発行

著　者　© 渡辺 考
発行者　竹村正治
発行所　株式会社かもがわ出版
〒602-8119　京都市上京区堀川通出水西入
TEL075-432-2868　FAX075-432-2869
振替 01010-5-12436
ホームページ http://www.kamogawa.co.jp
印　刷　シナノ書籍印刷株式会社

ISBN978-4-7803-1309-3　C0095